66 tolle Spiele zum Deutschlernen in der Kita

Anleitungen und Materialien für Deutsch als Zweitsprache und zur Sprachförderung

Nina Wilkening

Verlag an der Ruhr

Impressum

Titel

66 tolle Spiele zum Deutschlernen in der Kita
Anleitungen und Materialien für Deutsch als Zweitsprache und zur Sprachförderung

Autorin

Nina Wilkening

Titelbild

Foto © zEdward_Indy – Shutterstock.com, Illustrationen: Anja Boretzki

Illustrationen

Wenn nicht anders angegeben, Anja Boretzki

Druck

Athesia Druck GmbH, Bozen, IT

Verlag an der Ruhr
Mülheim an der Ruhr
www.verlagruhr.de

Geeignet für Kinder von 3–6 Jahren

ISBN 978-3-8346-6537-9

Inhaltsverzeichnis

Liebe Leser*innen[1],

Die Sprache ist das wichtigste Mittel, um sich ausdrücken und in seiner Umgebung wohlfühlen zu können. Mit diesem Buch möchte ich einen Beitrag leisten, damit Kinder auf **schnelle Weise, spielerisch**, mit Spaß und quasi nebenbei **Deutsch lernen**. Der Spielcharakter ermöglicht es, dass immer wieder auf die „Übungen" zurückgegriffen werden kann, ohne die Kinder zu langweilen oder zu überfordern. Vielfach freuen sich die Kinder darauf, ein bereits bekanntes, lustiges Spiel erneut zu spielen.

Thematisch wurden sowohl Aspekte **für Kinder ohne oder mit geringen Deutschkenntnissen** (z. B. Farben, Zahlen, „Ich heiße …", „Entschuldigung …") aufgegriffen als auch für **Kinder mit einem Grundgerüst an Deutschkenntnissen** (z. B. Körperteile, Zählen, Personensuche). Die Spiele sind wandelbar und es wird immer mindestens eine **Variante** angeboten, sodass auf unterschiedlichen sprachlichen Niveaus gearbeitet werden kann. Besondere Achtsamkeit ist geboten bei Spielen zum Thema „Familie". Wenn **traumatisierte Kinder** (aus geflüchteten Familien o. a.) mitspielen, sollten Sie deren Familiensituation sehr gut kennen und die Möglichkeit mit einbeziehen, dass Erinnerungen an traumatisierende Situationen hochkommen. Gehen Sie besonders sensibel vor oder verzichten Sie im Zweifelsfall auf diese Spiele.

Da Sprachförderung in den Kitas unterschiedlich organisiert wird, sind die meisten Spiele für **zwei Personen** (eine*n Erwachsene*n und ein Kind) oder die **Kleingruppe** (eine*n Erwachsene*n und ca. zwei bis fünf Kinder) gedacht. Vieles lässt sich jedoch mühelos auf eine **Großgruppe** übertragen.

In den Spielbeschreibungen finden Sie Angaben zu:
- ➾ Dauer
- ➾ Alter
- ➾ Gruppengröße
- ➾ Material
- ➾ Ziel des Spiels
- ➾ Vorbereitung
- ➾ Ablauf („So geht's")
- ➾ Variante(n)
- ➾ Weiterführende(n) Idee(n)

Für einen spontanen Einsatz wurden viele Spiele gewählt, die keine oder nur eine **geringe Vorbereitungszeit** benötigen. Die Materialien sind überwiegend **Alltagsmaterialien**. Gängige Materialien, wie Schere, Klebestreifen, Kleber, Laminierutensilien etc. sind nicht gesondert aufgelistet.

---

[1] Der Verlag an der Ruhr legt großen Wert auf eine geschlechtergerechte und inklusive Sprache. Daher nutzen wir neutrale Formulierungen oder das Gendersternchen, um alle Menschen, unabhängig von Geschlecht oder Geschlechtsidentität, einzuschließen.

Alle **benötigten Vorlagen** etc. finden Sie online in unserem **Downloadbereich**. Sie können unter folgendem Link abgerufen werden:
cloud.verlagruhr.de/lerninhalt/bGpFNRycoBQu/

Wenn Sie die Kopiervorlagen auf Ihrem mobilen Endgerät (Handy, Tablet) aufrufen möchten, scannen Sie den oben stehenden QR-Code ab und öffnen Sie die Dateien.
Wir empfehlen, die Dateien zeitnah zum Kauf des Produkts herunterzuladen, da der angegebene Link und der QR-Code ihre Gültigkeit verlieren können. Sollte dies der Fall sein, wenden Sie sich bitte an: digitaleslernen@verlagruhr.de

Da jede Gruppe anders zusammengesetzt ist und die Fähigkeiten der Kinder variieren, ist zu jedem Spiel mindestens eine **Variante** angegeben. So können Sie das Spiel flexibel auf Ihre individuelle Gruppe anpassen oder es abwandeln, damit keine Langeweile aufkommt.

Die **weiterführenden Ideen** sind dazu gedacht, die Spiele und Materialien nicht in Vergessenheit geraten zu lassen, wenn sie einmal gebraucht wurden. So können beispielsweise im Anschluss mit den Materialien Plakate erstellt oder neue Rituale (z. B. Vorstellung des Tagesablaufs) eingeführt werden.
Zum Teil werden auch **Vorschläge** gemacht, wie Sie Kinder gezielt fördern können (z. B. indem Sie den Kindern erklären, wie zweistellige Zahlen „gelesen" werden).

Um eine lernförderliche Atmosphäre zu schaffen, ist es wichtig, dass Sie **mitspielen** und möglichst oft als **sprachliches Vorbild** dienen. Wenig sinnvoll ist es, die Kinder in Kleingruppen allein spielen zu lassen, da die Funktion des sprachlichen Vorbildes dann fehlt. Eine explizite Fehlerkorrektur ist nicht unbedingt nötig, wenn Sie mitspielen. Die Spiele sind so angelegt, dass wichtige Sätze immer und immer wieder gesprochen und durch das Hören, das Selbstsprechen und die Wiederholung gefestigt werden. Wichtig ist zudem, dass Sie generell darauf achten, deutlich und hochdeutsch zu sprechen und bei Nomen den bestimmten Artikel dazuzusagen.

Am Ende des Buches finden Sie **Wörterlisten zu den einzelnen Themenfeldern**. Diese können Ihnen einen Überblick geben, welcher Grundwortschatz bei den Kindern angebahnt werden sollte.

Ich wünsche Ihnen und Ihren Kita-Kindern viel Freude beim Spielen!

Nina Wilkening

1. Körperteilvergleich

Ziel des Spiels
Die Kinder festigen den Wortschatz zu den Themen „Körper“, „Farben“, „Adjektive“.

Vorbereitung
keine

So geht's
Stellen Sie sich mit dem Kind hin. Nennen Sie jeweils ein Merkmal, das verglichen werden soll (z. B. Haarfarbe, Augenfarbe, Länge der Haare, Körpergröße etc.): „Haben wir beide dieselbe Augenfarbe?“

Vergleichen Sie und sprechen Sie dazu: „Ich habe blaue Augen. Du hast auch blaue Augen. Wir haben die gleiche Augenfarbe.“ oder „Ich habe blaue Augen. Du hast braune Augen. Wir haben unterschiedliche Augenfarben.“ Wenn Sie mit mehreren Kindern spielen, geht es der Reihe nach: Zuerst vergleichen Sie sich und Ihr Nachbarkind. Anschließend vergleicht das Nachbarkind sich mit dem nächsten Nachbarkind. Alternativ können Sie auch alle Kinder auf einmal ansprechen (z. B. in einer großen Gruppe): „Ich habe blaue Augen. Wer von euch hat ebenfalls blaue Augen? … Welche Augenfarbe haben die anderen Kinder?“

In der nächsten Runde gibt ein Kind vor, welches Merkmal verglichen werden soll.

Dauer
5–10 Minuten

Alter
ab 5 Jahren

Gruppengröße
ab 2 Personen

Material
keines

Variante
Halten Sie Fotos oder Bilder verschiedener Personen (z. B. Fotos aus Zeitschriften, Fotos von Kita-Kindern, Bilder aus Büchern kopiert etc.) bereit.

Legen Sie alle Fotos/Bilder offen aus. Nehmen Sie zwei Fotos/Bilder in die Hand und vergleichen Sie diese: „Die Kinder haben beide blaue Augen. Aber sie haben unterschiedliche Haarfarben …“

Sie können einem Kind auch Suchaufträge geben: „Nimm zwei Fotos, auf denen beide Personen blaue Augen haben.“ Legen Sie die Fotos/Bilder dann wieder zurück. Anschließend kann das (nächste) Kind Ihnen oder dem Nachbarkind einen Suchauftrag geben.

2. Hallo, Po!

Ziel des Spiels

Die Kinder festigen den Wortschatz zum Thema „Körper".

Vorbereitung

Halten Sie die Musik oder das akustische Signal bereit.

So geht's

Die Kinder laufen durch den Raum, solange Musik zu hören ist. Wenn Sie die Musik stoppen, halten die Kinder an (frieren ein) und hören Ihnen zu.
Geben Sie eine Anweisung in dieser Art: „Begrüßt euch mit dem Po!" Daraufhin begrüßen sich alle, indem sie mit ihrem Po kurz den Po eines anderen Kindes berühren. Dies geht so lange, bis Sie die Musik wieder anstellen.
In einer Gruppe mit sehr wenigen Kindern sollten die Kinder jedes einzelne nacheinander einmal begrüßen und dann wieder durch den Raum gehen.

Alternativ zur Musik können Sie auch ein akustisches Signal (Glocke, Klatschen, „Stopp!"-Ruf) einsetzen, das immer dann zu hören ist, wenn Sie eine Ansage machen wollen. Ansonsten laufen die Kinder im stillen Raum herum.
Das Spiel funktioniert auch nur mit akustischem Signal, eine lockere Musik trägt jedoch zusätzlich zu guter Stimmung bei und sorgt für eine positive Lernatmosphäre.

Dauer
5–10 Minuten

Alter
ab 3 Jahren

Gruppengröße
Klein- oder Großgruppe

Material
✔ Musik oder 1 akustisches Signal (z. B. Glocke)

Variante

Damit es nicht zu langweilig wird, können Sie zusätzlich die Fortbewegungsarten wechseln (z. B. statt gehen auch kriechen, schleichen, hüpfen etc.). Am Anfang oder bei Kindern mit geringen Deutschkenntnissen sollten Sie diese dann vor- bzw. mitmachen.

3. Körperteile bekleben

Ziel des Spiels

Die Kinder festigen den Wortschatz zum Thema „Körper".

Vorbereitung

Halten Sie die Materialien bereit.

So geht's

Teilen Sie die Gruppe in zwei Teams. Geben Sie jedem Kind drei Klebepunkte, die es sich z. B. auf den Handrücken klebt.
Zählen Sie langsam von drei runter und nennen Sie dann den Körperteil, der bei dem*der Gegner*in beklebt werden soll. Die Kinder versuchen nun, beim gegnerischen Team Klebepunkte am Körper anzubringen. Einmal aufgeklebte Klebepunkte dürfen vor dem Ende der Runde nicht wieder entfernt werden. Sind alle Klebepunkte aufgeklebt, setzen sich die Kinder hin. Nun erfolgt die Auswertung: Bitten Sie das erste Team, sich hinzustellen. Die Kinder zeigen der Reihe nach ihre Klebepunkte und zählen, wie viele an der von Ihnen genannten, richtigen Stelle angebracht wurden. Das Team, das mehr Klebepunkte anbringen konnte, hat gewonnen.
Bevor die nächste Runde beginnt, muss jedes Kind wieder drei Klebepunkte auf dem Handrücken kleben haben. Dazu können je nach Materialbeschaffenheit auch die Klebepunkte aus der ersten Runde genommen oder diese mit neuen ergänzt werden.

Dauer
5–10 Minuten

Alter
ab 5 Jahren

Gruppengröße
4 Personen bis Großgruppe

Material
- ✔ 3 Klebepunkte pro Runde und Kind
- ✔ 1 Stift und 1 Zettel zum Notieren der Punkte, alternativ Tafel und Kreide

Variante

Als Erweiterung oder Abwandlung können Sie Farben und Kleidungsstücke mit ins Spiel bringen, indem Sie auffordern, nur „blaue Jeans" oder „rote T-Shirts" zu bekleben. Dann ergibt es unter Umständen allerdings keinen Sinn, dass in Teams gespielt wird. Dann sollte „jede*r gegen jede*n" spielen.

4. Was mein Körper alles kann

Ziel des Spiels
Die Kinder festigen den Wortschatz zum Thema „Körper" und bilden einfache Sätze, z. B.: „Mit der Nase rieche ich."

Vorbereitung
Drucken Sie die Vorlage aus und basteln Sie den Würfel.

So geht's
Würfeln Sie mit dem Würfel. Sie erhalten z. B. das Bild von der Nase. Bilden Sie einen passenden Satz: „Mit der Nase kann ich riechen."
Nun würfelt ein Kind und bildet einen passenden Satz. Sie können das Kind unterstützen, indem Sie fragen: „Was kannst du mit (z. B.) dem Ohr tun?"

Dauer
5–10 Minuten

Alter
ab 5 Jahren

Gruppengröße
Personen bis Kleingruppe

Material
✔ „Was mein Körper alles kann"-Würfel *(Downloadbereich, s. Anleitung S. 6)*

Variante
Nach ein paar Runden, wenn die Sätze gefestigt sind, können Sie das Spiel auch so spielen: Würfeln Sie und stellen Sie einem Kind dann eine Frage, z. B.: „Kannst du mit der Nase hören?" Das Kind antwortet: „Nein. Mit der Nase kann ich nicht hören. Mit der Nase kann ich riechen."

Weiterführende Idee
Zum Thema Körper finden sich im Internet jede Menge Bewegungslieder, zum Teil mit passenden Videos. Die Kinder lernen die Begrifflichkeiten kennen, indem sie während des Singens auf die besungenen oder im Lied genannten Körperteile zeigen oder durch die Videos Informationen darüber bekommen.

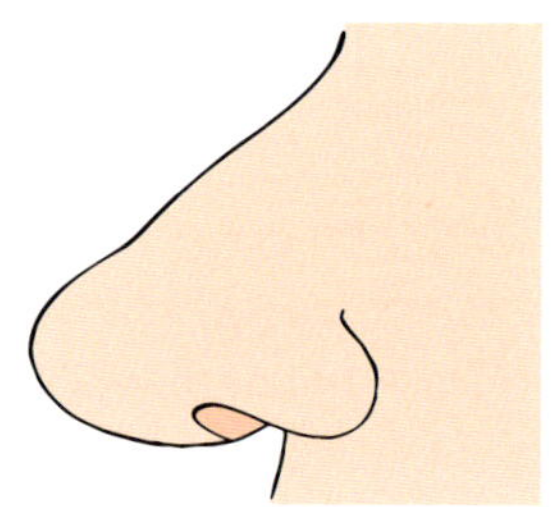

5. „Ich bin krank"

Ziel des Spiels

Die Kinder festigen den Wortschatz zum Thema „Körper" und lernen, auszudrücken, dass sie sich krank fühlen.

Vorbereitung

Drucken Sie die Kopiervorlage in der halben Anzahl der Mitspielenden aus und basteln Sie einen Würfel. Schneiden Sie die Spielvorlagen aus und legen Sie diese bereit.

Dauer
5–10 Minuten

Alter
ab ca. 5 Jahren

Gruppengröße
ab 2 Personen

Material
- ✔ 1 „Ich bin krank"-Würfel
- ✔ 2 Spielvorlagen *(Downloadbereich, s. Anleitung S. 6)*

So geht's

Würfeln Sie. Zeigen Sie den Kindern das Bild, das oben liegt, und formulieren Sie einen passenden Satz dazu. Kreuzen Sie auf Ihrer Vorlage das Bild, das Sie gewürfelt haben, an.
Nun würfelt das nächste Kind und erklärt, was es auf dem gewürfelten Bild sieht. Evtl. müssen Sie dem Kind helfen, indem Sie einen Satz vorformulieren (z. B. „Ich habe Zahnschmerzen."), den das Kind wiederholen kann. Das Kind kreuzt ebenfalls die Situation auf der Vorlage an.
Wenn eine Situation gewürfelt wird, die bereits angekreuzt wurde, wird nur der passende Satz gesagt.
Gewonnen hat der*diejenige, der*die zuerst alle Bilder auf der Vorlage angekreuzt hat.

Variante

Ein bisschen lustiger bzw. theatralischer können Sie dieses Spiel machen, indem Sie die schmerzenden Körperteile anfassen und mit schmerzverzogenem Gesicht zum Ausdruck bringen, wie es Ihnen geht, z. B.: „Aua, ich habe Zahnschmerzen." Die Kinder können dies sofort wiederholen oder nur dann, wenn sie an der Reihe sind.

6. Stimmt's oder stimmt's nicht?

Ziel des Spiels

Die Kinder festigen den Wortschatz zum Thema „Farben".

Vorbereitung

Sortieren Sie die Materialien so, dass in beiden Stoffbeuteln die gleichen Gegenstände sind.

So geht's

Setzen Sie sich mit den Kindern in einen Sitzkreis. Breiten Sie die Materialien vor den Kindern in der Kreismitte aus. Besprechen Sie mit den Kindern, wie die Gegenstände heißen und welche Farben sie haben, z. B.: „Das ist ein blauer Stift. Das ist ein roter Bauklotz."

Lassen Sie die Gegenstände in der Mitte als Anschauungsmaterial liegen.

Geben Sie den zweiten Stoffbeutel herum. Jedes Kind nimmt sich einen Gegenstand heraus und hält ihn verdeckt in der Hand oder legt ihn hinter den Rücken.

Lassen Sie jedes Kind seinen Gegenstand vorstellen und wieder verbergen.

Nun geht es darum, sich daran zu erinnern, welches Kind welchen Gegenstand hat. Fragen Sie z. B.: „Sihad, du hast einen blauen Stift. Stimmt's oder stimmt's nicht?" Sihad antwortet: „Es stimmt." und legt den Gegenstand vor sich. Oder die Antwort lautet: „Es stimmt nicht." In diesem Fall bleibt der Gegenstand verborgen.

Das Spiel ist zu Ende, wenn alle Gegenstände vor den Kindern liegen.

Dauer
10–15 Minuten

Alter
ab 4 Jahren

Gruppengröße
Klein- und Großgruppe

Material
- ✔ mindestens 2 verschiedene, kleine Alltagsgegenstände pro Kind, dabei jeder Gegenstand doppelt und möglichst in verschiedenen Farben (z. B. 2 grüne und 2 gelbe Stifte, 2 blaue und 2 rote Bauklötze)
- ✔ 2 Stoffbeutel

Variante

Nehmen Sie weniger Gegenstände. Immer zwei Kinder haben den gleichen Gegenstand. Ein Kind fragt: „Ich habe den grünen Stift. Maja, du hast den anderen grünen Stift. Stimmt's oder stimmt's nicht?"

Diese Variante ist einfacher.

7. Farbensammlung

Ziel des Spiels

Die Kinder festigen den Wortschatz zum Thema „Farben“, sortieren Gegenstände nach Farben und sprechen einfache Sätze, z. B.: „… ist rot/gelb/grün.“

Dauer
10–15 Minuten

Alter
ab 3 Jahren

Gruppengröße
2 Personen bis Kleingruppe

Material
- ✔ 10–20 verschiedene Gegenstände
- ✔ 1 Uhr mit Sekundenzeiger oder 1 Stoppuhr

Vorbereitung

Halten Sie die Materialien bereit.

So geht's

Fordern Sie die Kinder auf, möglichst viele Gegenstände in einer vorgegebenen Farbe (z. B. rot) zu suchen und zu Ihnen zu bringen. Stoppen Sie mit der Uhr eine Minute pro Farbe. Setzen Sie sich mit den Kindern zusammen und lassen Sie sie zu den Gegenständen sprechen: „Das Auto ist rot. Die Tüte ist auch rot.“
Wenn Sie eine größere Gruppe von Kindern haben, können Sie diese auch aufteilen. Jede Gruppe sucht dann in der gestoppten Zeit Gegenstände mit einer anderen Farbe. Gewonnen hat die Gruppe, die die meisten Gegenstände in ihrer Farbe gefunden hat.

Variante

Sollte es in Ihrem Raum zu wenig Gegenstände geben, die unterschiedliche Farben haben, können Sie auch im Vorfeld einige Gegenstände mit unterschiedlichen Farben zusammensuchen und diese z. B. in einer Kiste oder einem Sack mitbringen. Lassen Sie die Kinder dann nacheinander die Gegenstände herausholen, dazu sprechen und sie dabei sortieren.

Weiterführende Idee

Stellen Sie den Kindern Prospekte zur Verfügung, aus denen sie Bilder ausschneiden dürfen. Die Kinder können nun einzeln, mit einem Partnerkind oder in der Gruppe Farbcollagen erstellen, indem sie Bilder zu einer vorgegebenen Farbe ausschneiden und auf ein Plakat kleben.

8. Bewegungsgeschichte mit Farben

Ziel des Spiels

Die Kinder festigen den Wortschatz zum Thema „Farben".

Vorbereitung

Halten Sie die Materialien bereit.

So geht's

Verteilen Sie die Materialien an die Kinder. Jedes Kind sollte eine Farbkarte bzw. einen farbigen Gegenstand in der Hand halten.
Erzählen Sie eine Geschichte, z. B. das Märchen „Schneewittchen". Achten Sie dabei darauf, dass Sie besonders viele Farbadjektive verwenden, z. B.: „Schneewittchen kam zum Haus der Zwerge. Es war ein kleines rotes Haus mit weißen Fenstern. Die Tür war braun und vor dem Haus war ein Garten mit grünem Gras und blauen, roten und gelben Blumen."
Jedes Mal, wenn eine Farbe genannt wird, müssen diejenigen Kinder, die die passende Farbkarte bzw. den passenden Gegenstand in der Hand halten, aufstehen.

Dauer
10–15 Minuten

Alter
ab 4 Jahren

Gruppengröße
Großgruppe

Material
- ✔ kleine Farbkarten, alternativ farbige Gegenstände, wie Bauklötze

Variante 1

Geben Sie den leistungsstarken Kindern mehrere verschiedenfarbige Karten/ Gegenstände.

Variante 2

Verteilen Sie die Farbadjektive gleichmäßig über die Geschichte oder nennen Sie manche häufiger (z. B. „rot" mehrfach hintereinander). Dies kann das Spiel lustiger machen und Kindern mit hohem Bewegungsdrang gezielt entgegenkommen. Achten Sie dann genau darauf, welches Kind welche Farbkarte erhält.

Variante 3

Gehen Sie mit den Kindern nach draußen und bilden Sie dort einen Stehkreis. Wessen Farbe genannt wird, der muss eine Runde um den Kreis laufen, bis er wieder an seinem Platz steht.

9. Farbmalspiel

Ziel des Spiels

Die Kinder festigen den Wortschatz zum Thema „Farben" und sprechen einfache Sätze, z. B.: „Die Sonne ist gelb."/„Das Gras ist grün."

Vorbereitung

Drucken Sie für jedes Kind und für sich einen Spielplan „Farbmalspiel" aus. Drucken Sie den Farbwürfel aus, malen Sie die Farbflächen an und basteln Sie ihn zusammen. Dabei können Ihnen evtl. auch die Kinder helfen.

So geht's

Alle Spieler*innen legen einen Spielplan vor sich. Die Farbstifte und der Würfel werden für alle gut erreichbar in die Mitte des Tisches gelegt.
Würfeln Sie und suchen Sie auf Ihrem Spielplan einen Gegenstand, der der gewürfelten Farbe entspricht (z. B. gelb ➾ Sonne). Malen Sie die Sonne an und sprechen Sie dazu: „Die Sonne ist gelb."
Nun würfelt das Kind links neben Ihnen, sucht auf seinem Spielplan einen zur gewürfelten Farbe passenden Gegenstand, malt ihn an und spricht dazu.
Sind alle Gegenstände einer Farbe auf dem Spielplan angemalt und eine Person würfelt diese Farbe erneut, darf sie so lange weiterwürfeln, bis sie einen Gegenstand gefunden hat, den sie anmalen kann.
Brechen Sie das Spiel nach einer bestimmten Zeit ab oder spielen Sie so lange, bis alle Mitspieler*innen ihre Gegenstände angemalt haben. Bei diesem Spiel gibt es keine*n Gewinner*in.

Dauer
10–15 Minuten

Alter
ab 4 Jahren

Gruppengröße
2 Personen bis Kleingruppe

Material
- ✔ 1 Spielplan „Farbmalspiel" pro Person *(Downloadbereich, s. Anleitung S. 6)*
- ✔ 1 Farbwürfel (rot, grün, blau, gelb, braun, schwarz) *(Downloadbereich, s. Anleitung S. 6)*
- ✔ Farbstifte in den Farben Rot, Grün, Blau, Gelb, Braun, Schwarz

Hinweis

Bei farblich nicht eindeutigen Gegenständen, wie dem Haus oder den Personen, darf jede*r Spieler*in selbst bestimmen, welche Farbe er*sie wählen möchte.

Variante

Für eine Kindergruppe mit sehr geringen Deutschkenntnissen bietet es sich an, die Farben aufzuteilen. Jedes Kind erhält nur einen Farbstift. Es wird mit nur einem Spielplan gespielt. Reihum würfeln alle Spieler*innen und gucken gemeinsam, welche Gegenstände das Kind anmalen könnte.

Weiterführende Idee 1

Der Farbwürfel kann ein fester Bestandteil der Malecke werden.
Legen Sie dort verschiedene Ausmalbilder mit unterschiedlichen Motiven aus. Fordern Sie die Kinder auf, zu zweit oder zu dritt eine Malvorlage zu wählen und diese mithilfe des Farbwürfels anzumalen und dazu zu sprechen: Ein Kind würfelt, sucht ein entsprechendes Detail auf dem Ausmalbild aus und sagt: „Ich male (z. B.) das Pferd braun an."

Weiterführende Idee 2

Der Farbwürfel kann auch anders eingesetzt werden:

- Spielen Sie „Ich sehe was, was du nicht siehst" und würfeln Sie vorher. Sie dürfen nun nur einen Gegenstand aussuchen, der die gewürfelte Farbe hat.
- Würfeln Sie mit dem Farbwürfel und mit einem normalen Würfel. Die Kinder müssen anschließend versuchen, Gegenstände in der gewürfelten Farbe und Anzahl zu finden, z. B. „Rot und 3": Die Kinder könnten ein rotes Auto, einen roten Schuh und einen roten Stift zusammensuchen und auf den Tisch oder in die Mitte des Sitzkreises legen. Wenn Sie mit einer Kleingruppe von max. vier Kindern spielen, suchen die Kinder gemeinsam. Wenn Sie in einer Großgruppe spielen, teilen Sie diese in mehrere Kleingruppen, die evtl. gegeneinander auf Zeit spielen.

Weiterführende Idee 3

Stellen Sie ein großes Bild (mindestens DIN A2) mit vielen leeren, klar voneinander abgegrenzten Flächen ohne weitere Abbildungen zur Verfügung. Dies können Sie ganz einfach selbst gestalten, indem Sie auf einer Leinwand durch Striche viele einzelne, in der Größe unterschiedliche Flächen abteilen.
Jedes Kind sucht sich eine Fläche aus und erwürfelt die Farbe, in der diese Fläche angemalt werden soll.
So entsteht am Ende ein abstraktes Gemälde, das von vielen Kindern gestaltet wurde.
Alternativ zu den abstrakten Flächen können Sie auch Vorlagen wählen, die viele gleiche Einzelheiten enthalten, z. B. einen Blumenstrauß mit einzelnen Blüten oder ein Bündel Luftballons. In der Wahl der Farben können Sie ebenfalls kreativ sein: Neben Buntstiften bieten sich auch Wasserfarben oder Wachsmalfarben an.

10. Kinderzählen

Ziel des Spiels
Die Kinder vertiefen den Wortschatz zum Thema „Zahlen“ und sprechen einfache Satzstrukturen, z. B.: „Es sind fünf Kinder.“, „Drei Kinder haben blonde Haare.“

Dauer
5 Minuten

Alter
ab 4 Jahren

Gruppengröße
4 Personen bis Großgruppe

Material
keines

Vorbereitung
keine

So geht's
Bilden Sie mit den Kindern einen Sitz- oder Stehkreis. Fordern Sie das Kind, das links neben Ihnen sitzt oder steht, auf, die Kinder zu zählen: „Eylül, bitte zähle alle Kinder. Wie viele Kinder sind heute da?“ Das Kind geht herum, zeigt auf die Kinder und zählt sie laut. Anschließend antwortet es: „Heute sind fünf Kinder da.“
Bitten Sie nun das nächste Kind, Kinder mit bestimmten Merkmalen zu zählen, z. B.:

- Kinder mit blonden/braunen/schwarzen Haaren
- Kinder mit blauen/braunen/grünen Augen
- Kinder mit Jeanshose
- Kinder mit roten/grünen/schwarzen/weißen Kleidungsstücken
- usw.

Nach Möglichkeit sollten alle Kinder mindestens einmal mit Zählen drankommen.

Manchmal kann es auch hilfreich sein und ein bisschen Bewegung bringen, wenn das zählende Kind die Kinder „sortiert“. Es tippt dann zunächst alle Kinder an, die das gesuchte Merkmal aufweisen. Diese können z. B. aufstehen oder sich an einem bestimmten Ort versammeln. Erst dann wird gezählt.

Variante
Wenn Sie eine Großgruppe haben und von vornherein klar ist, dass nicht alle Kinder drankommen werden, bietet sich das Zufallsprinzip per „Flaschendrehen“ an. Drehen Sie die Flasche. Das Kind, auf das die Flasche zeigt, wenn sie stehen bleibt, zählt als Erstes. Anschließend dreht dieses Kind die Flasche.

Weiterführende Idee 1

Mit einem großen Papier oder einer Tafel können Sie veranschaulichen, wie sich die Häufigkeit eines Merkmals innerhalb einer Gruppe darstellt. Beispielsweise können Sie grüne, blaue, braune Augenpaare auf das Papier malen, die Kinder zählen lassen und die Anzahl der Merkmale in Form einer Zahl oder als Strichliste notieren. Dann können Sie mit den Kindern die Begriffe „mehr", „weniger", „genauso/gleich viel" thematisieren.
Auch hier kann es sinnvoll sein, die Kinder vorher zu „sortieren". Dadurch ergibt sich schon ein aussagekräftiger Eindruck über die Häufigkeitsverteilung innerhalb der Gruppe.

Weiterführende Idee 2

Natürlich kann man nicht nur Kinder zählen. Man kann so ziemlich alles zählen! Machen Sie mit den Kindern einen Sport daraus. Schließen Sie beispielsweise an dieses Spiel regelmäßig eine offene Runde an, bitten Sie die Kinder um Vorschläge: „Was kann man noch zählen?" oder „Was wollen wir heute noch zählen?". Der Fantasie sind keine Grenzen gesetzt: Es können Turnbeutel, Tassen, Stifte, Gummistiefel, Fensterbilder, Stühle oder was auch immer sein.
Wenn Sie möchten, können Sie das Zählen zu einem täglichen Ritual machen und auf einem Plakat festhalten, an welchem Tag Sie was gezählt haben. Sie können z. B. aufschreiben: „Montag: Stühle: 25". (Am besten malen Sie zwei Stühle daneben.)
Am Ende der Woche können Sie mit den Kindern vergleichen: „Am Montag haben wir 25 Stühle gezählt. Am Dienstag haben wir 12 Tassen gezählt. Was ist denn mehr: 25 oder 12?" Manche Kinder können dabei auch versuchen, die Zahlen selbst zu erlesen.

11. Abzählverse mit Hinsetzen

Ziel des Spiels

Die Kinder vertiefen das Zählen und lernen Abzählverse kennen.

Vorbereitung

keine

So geht's

Stellen Sie sich mit den Kindern in einen Stehkreis. Beginnen Sie, folgenden Abzählvers aufzusagen, und zeigen Sie der Reihe nach bei jeder Zahl auf ein Kind.

Eins und zwei und drei und vier,
ich bin hier, das sag ich dir.
Fünf und sechs und sieben und acht,
heute hat es Spaß gemacht.
Neun, du bleibst stehen,
zehn, du musst nach Hause gehen.

Ist der Vers vorbei, muss sich das Kind, auf das Sie bei „zehn" gezeigt haben, setzen. Beginnen Sie von Neuem. Die Kinder sprechen allmählich mit oder übernehmen Ihren Part.
Die Runde ist zu Ende, wenn nur noch ein Kind steht.

Variante

Etwas einfacher ist dieser Vers:

Eins und zwei – ihr seid frei,
drei und vier – ihr bleibt hier,
fünf und sechs – euch holt die Hex.

Am Ende müssen sich dann zwei Kinder hinsetzen. Dementsprechend gewinnen auch zwei Kinder, die bis zuletzt stehen. Zeigen Sie beim Abzählen immer auf beide Kinder.

Dauer
5–10 Minuten

Alter
ab 4 Jahren

Gruppengröße
6–8 Personen bis Großgruppe

Material
keines

12. Zahlensuche

Ziel des Spiels

Die Kinder sortieren Gegenstände nach der Anzahl, in der diese vorkommen. Sie sprechen einfache Sätze, z. B.: „Hier gibt es viele Stühle, aber nur eine Pinnwand."

Vorbereitung

Halten Sie die Materialien bereit.

So geht's

Schütten Sie den Inhalt der Kiste auf dem Boden als Haufen aus.
Legen Sie die Zahlenblätter um den Haufen aus.
Nehmen Sie zusammengehörige Gegenstände, binden Sie diese evtl. mit einem Haushaltsgummi zusammen, zählen Sie sie und legen Sie sie auf das passende Zahlenblatt: „Hier sind fünf Haargummis."
Fordern Sie nun die Kinder auf, ebenfalls zusammengehörende Gegenstände zu bündeln und zu sortieren.
Lassen Sie die Kinder auch im Raum Gegenstände suchen.
Auf die DIN-A5-Blätter können Sie Bilder von Körperteilen (z. B. Augenpaar) und anderen Gegenständen malen, die nicht auf die Zahlenpapiere gelegt werden können.
Wenn alle Gegenstände sortiert sind, können Sie die Anzahl von Gegenständen vergleichen: „Haben wir mehr Haargummis oder mehr Löffel?"

Dauer

10–15 Minuten

Alter

ab 4 Jahren

Gruppengröße

ab 2 Personen

Material

- ✔ verschiedene Gegenstände in unterschiedlicher Anzahl in einer Kiste (z. B. 3 Stifte, 1 Radiergummi, 2 Quietscheenten, 5 Murmeln)
- ✔ 6 DIN-A3-Blätter oder Plakate mit den Würfelaugen und den Zahlen 1–6 beschriftet
- ✔ 1 DIN-A3-Blatt oder Plakat mit dem Wort „viele" und vielen Punkten versehen
- ✔ Blätter (ca. DIN A5) und Stifte, um weitere Ideen aufzumalen
- ✔ Haushaltsgummis

Variante

Geben Sie eine bestimmte Anzahl vor: „Sucht Dinge/seht ihr Dinge, die es genau 5-mal gibt?" oder „Bringt mir fünf gleiche Dinge." Die Kinder gehen allein oder mit einem Partnerkind im Raum auf die Suche und bringen/benennen Gegenstände in genau dieser Anzahl.

13. Nummernsuche

Ziel des Spiels
Die Kinder finden Nummern in der Umgebung.

Dauer
10–30 Minuten

Alter
ab 5 Jahren

Gruppengröße
ab 2 Personen

Material
✔ 1 Fotoapparat, alternativ Papier und 1 Bleistift

Vorbereitung
Gehen Sie im Vorfeld einmal mit wachen Augen in der Umgebung der Kita spazieren und notieren Sie sich Orte, an denen Nummern gefunden werden können.

So geht's
Gehen Sie mit einem oder mehreren Kindern auf Nummernsuche. Sie sind heute „Nummern-Detektivinnen und -Detektive" und haben die Aufgabe, alle Arten von Nummern, die sie sehen, zu fotografieren. (Es genügt, wenn Sie jeweils eine Hausnummer, eine Telefonnummer, ein Nummernschild am Auto etc. fotografieren.)
Beginnen Sie in der Kita. Vielleicht hängt dort eine Telefonliste. Lassen Sie die Kinder die Liste entdecken oder führen Sie sie gezielt hin. Fotografieren Sie die Liste und überlegen Sie gemeinsam, wie man die Zahlenfolge auf der Liste benennen könnte („Telefonnummer"). Besprechen Sie mit den Kindern, wozu man eine Telefonnummer braucht. Suchen Sie weitere Nummern in der Kita (Zimmernummern, Altersangaben auf Spielen bzw. Anzahl der Spielenden, Schuhgrößen) und überlegen Sie auch hier gemeinsam, wozu man diese Nummern benötigt. Fragen Sie die Kinder auch, ob sie beispielsweise ihre Schuhgröße kennen, und vergleichen Sie Schuhe miteinander.
Gehen Sie anschließend nach draußen und suchen Sie in der Umgebung nach Nummern (Hausnummern, Nummern auf Autokennzeichen, Telefonnummern auf Firmenschildern, Preise in Geschäften usw.). Fotografieren Sie auch diese Nummern.
Sehen Sie sich am Ende noch einmal gemeinsam alle Fotos an und wiederholen Sie die Bezeichnung der jeweiligen Zahlenfolge und ihren Sinn.

Variante 1
Laufen Sie Straßen in der Umgebung ab und suchen Sie mit den Kindern die Häuser in der passenden Reihenfolge. Die meisten Kinder werden die Ziffern 1–10 als Bild noch nicht kennen. Hier bietet es sich an, im Vorfeld Ziffernblätter (auf ein DIN-A4-Blatt gemalte Ziffern) herzustellen. Sie können nun die Ziffern in der Reihenfolge zeigen und sagen: „Das ist die 1. Wir suchen nun das Haus mit der Nummer 1.", danach: „Das ist die 2. Wir suchen nun das Haus mit der Nummer 2."

Den Kindern wird schnell auffallen, dass gerade und ungerade Hausnummern auf verschiedenen Straßenseiten zu finden sind.
In manchen Straßen ist das System der Hausnummerierung scheinbar nicht logisch nachvollziehbar. Es ist daher wichtig, dass Sie bereits zuvor einmal den Weg abgegangen sind.
Wenn Hausnummern zusätzlich mit Buchstaben versehen sind (z. B. 1b), können Sie mit den Kindern gemeinsam überlegen, warum dies wohl so ist.

Variante 2

Wenn Sie Ziffernblätter erstellt haben, können Sie diese auch verteilen.
Mehrere Kinder bekommen gemeinsam ein Ziffernblatt und begeben sich auf die Suche. Sagen Sie z. B.: „Ihr habt die Zahl 1. Guckt mal in der Umgebung, wo ihr diese finden könnt."

Weiterführende Idee 1

Nehmen Sie die Fotos auch später zur Hand. Stellen Sie ein Memo-Spiel her, indem Sie die Fotos doppelt auf farbiges Tonpapier kleben und Karten ausschneiden. Spielen Sie das Memo-Spiel nach den üblichen Regeln, dabei benennen die Kinder immer die Art der Nummer.

Weiterführende Idee 2

Erklären Sie ruhig auch, wie man die höheren Zahlen „liest", z. B. 35: „Man sagt ‚5 und 30'." Zeigen Sie dabei an, dass man die Zahl quasi von hinten liest, also zunächst den Einer (5), den die Kinder vermutlich kennen, und dann den Zehner (30). Hier kann es sich dann anbieten, mit den Kindern auch die Zehnerzahlen bis 100 einzuüben: 10, 20, 30 usw.

14. Formen sortieren

Ziel des Spiels

Die Kinder festigen den Wortschatz zum Thema „Formen".

Vorbereitung

Halten Sie die Materialien bereit. Verteilen Sie die Gegenstände gleichmäßig auf den vier DIN-A3-Blättern und umfahren Sie jeden Gegenstand, sodass dessen Grundfläche abgebildet wird. Legen Sie die Gegenstände danach in den Beutel.

So geht's

Verteilen Sie die vorbereiteten DIN-A3-Blätter an die Mitspielenden. Wenn Sie zu zweit spielen, bekommt jede*r Spieler*in zwei Blätter. Bei drei Spieler*innen können Sie das vierte Blatt ebenfalls auf den Tisch legen und es gemeinsam bespielen. Besprechen Sie mit den Kindern, wie die Formen heißen. Üben Sie gegebenenfalls die Namen der Formen ein.

Greifen Sie in den Beutel. Holen Sie einen Gegenstand heraus. Benennen Sie die Form (der Grundfläche des Gegenstandes), zeigen Sie diese den Kindern und suchen Sie sie gemeinsam auf den DIN-A3-Blättern. Legen bzw. stellen Sie den Gegenstand auf das Blatt und erklären Sie: „Dies ist ein Klebestift. Der Deckel hat die Form eines Kreises. Er ist auf meinem Blatt."

Gewonnen hat die Person, auf deren Blatt zuerst alle mit Umrissen abgebildeten Gegenstände stehen bzw. liegen.

Dauer

5–10 Minuten

Alter

ab 5 Jahren

Gruppengröße

2–4 Personen

Material

- ✔ 16 kleine Gegenstände, deren Grundflächen verschiedene Formen haben – von den wichtigsten Formen mindestens 3 (z. B. Dreieck: Geodreieck, Sandwichkarton; Quadrat: quadratische Schokolade, passende Schachtel; Rechteck: Radiergummi, Teepackung; Kreis: Münze, Klebestift, Klebefilm; sonstige Formen: Plätzchenausstecher in Herzform, Sternform etc.)
- ✔ 1 Beutel
- ✔ 4 DIN-A3-Blätter

Variante

Sie können zusätzlich oder alternativ die DIN-A3-Blätter so gestalten, dass es ein Blatt nur mit Kreisen, Rechtecken, Dreiecken etc. gibt.

Diese Blätter können Sie auch gemeinsam mit den Kindern im Anschluss an das Spiel erstellen. Die Kinder sortieren zunächst nach Form und umfahren dann die Gegenstände mit einem Stift.

15. Formen finden

Ziel des Spiels
Die Kinder festigen den Wortschatz zum Thema „Formen“ und entdecken Formen in der Kita und/oder der Umgebung.

Vorbereitung
Zeichnen Sie auf jedes DIN-A4-Blatt eine Form, z. B. Kreis, Dreieck, Rechteck und Quadrat.

So geht's
Zeigen Sie den Kindern die Formen auf dem Papier und besprechen Sie, wie die Formen heißen. Gehen Sie gemeinsam auf Entdeckungstour in der Kita und, wenn Sie möchten, in der näheren Umgebung der Kita. Fordern Sie die Kinder auf, Formen zu suchen. Notieren Sie oder malen Sie auf, was die Kinder Ihnen nennen (z. B. Verkehrsschild, Teller, Türrahmen, Straßenschild etc.). Sie können die Gegenstände auch fotografieren. Wichtig ist, dass die Kinder jeweils die Form des Gegenstandes benennen: „Der Teller ist ein Kreis.“, „Das Straßenschild ist ein Rechteck/Viereck.“

Dauer
10–30 Minuten

Alter
ab 5 Jahren

Gruppengröße
Kleingruppe

Material
- ✔ 4 DIN-A4-Blätter
- ✔ Buntstifte
- ✔ evtl. 1 Fotoapparat

Variante
Legen Sie Werbekataloge bereit, aus denen die Kinder Fotos von Gegenständen ausschneiden und auf das passende Blatt kleben können. (Wählen Sie hierfür evtl. statt DIN-A4- lieber DIN-A3-Format.)

Weiterführende Idee
Bitten Sie die Kinder, die die DIN-A3-Blätter (Plakate) erstellt haben, diese den anderen Kindern im Stuhlkreis zu präsentieren: „Wir haben runde Dinge gesucht. Sie haben die Form des Kreises. Wir haben eine Tasse, einen Teller … gefunden.“
Hängen Sie die Plakate dann auf und fordern Sie die Kinder auf, diese innerhalb der nächsten Woche zu ergänzen.

16. Formen-Dingsbums

Ziel des Spiels

Die Kinder beobachten genau und festigen den Wortschatz zum Thema „Formen".

Vorbereitung

Halten Sie die Materialien bereit.

So geht's

Legen Sie vier oder fünf Gegenstände nebeneinander. Diese sollten zum Teil gemeinsame Merkmale haben, sich aber in der Form unterscheiden. Sprechen Sie dazu: „Mein Dingsbums ist …

- … blau *(Gemeinsamkeit aller Gegenstände)*,
- … groß *(schließt zwei von fünf Gegenständen aus)*,
- … viereckig *(schließt zwei von drei Gegenständen* aus) …"

Dauer
10–15 Minuten

Alter
ab 5 Jahren

Gruppengröße
Kleingruppe

Material
✔ mindestens 5 verschiedene Gegenstände pro Form (z. B. rund, oval, dreieckig, viereckig) in möglichst wenig verschiedenen Farben

Mit jedem Tipp, den Sie geben, kommen die Kinder der Antwort näher, welcher Gegenstand Ihr „Dingsbums" ist. Wenn möglich, sollte das Dingsbums immer an der Form erkannt werden. Die Kinder, die eine Vermutung haben, rufen diese herein oder melden sich. Anschließend versucht das Kind, das Ihr Dingsbums erraten hat, in der gleichen Weise Gegenstände zusammenzustellen.

Variante

Sie können auch alle Gegenstände als Haufen liegen lassen. Dann ist das Herausfiltern für die Kinder evtl. schwieriger, die Beschreibung aber leichter.

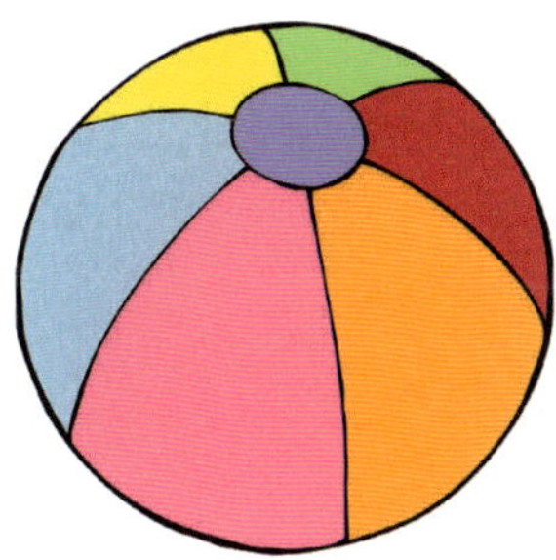

17. Kita-Lotto

Ziel des Spiels

Die Kinder festigen den Wortschatz zum Thema „Tätigkeiten in der Kita" und sprechen einfache Sätze, z. B.: „Wir basteln."

Vorbereitung

Drucken Sie die beiden Vorlagen jeweils 2-mal aus. Kopieren Sie diese entweder auf festes Tonpapier oder laminieren Sie sie vor dem Ausschneiden. Schneiden Sie von je einer Vorlage die Lotto-Bretter als Ganzes aus. Zerschneiden Sie die beiden übrigen Vorlagen, sodass Sie zu den Lotto-Brettern die passenden Kärtchen erhalten.

Dauer
10–15 Minuten

Alter
ab 3 Jahren

Gruppengröße
2–4 Personen

Material
✔ Vorlagen Lotto-Bretter „Kita-Lotto 1" und „Kita-Lotto 2" *(Downloadbereich, s. Anleitung S. 6)*

So geht's

Wenn Sie zu zweit spielen, erhalten Sie und das Kind je zwei Lotto-Bretter. Wenn Sie zu dritt oder zu viert spielen, erhält jede Person ein Lotto-Brett. Spielen Sie zu dritt, wird die übrige vierte Kopiervorlage mit auf den Tisch gelegt und bespielt.
Jede*r Spieler*in legt das Lotto-Brett vor sich. Die Kärtchen werden verdeckt auf dem Tisch ausgebreitet.
Beginnen Sie: Drehen Sie ein beliebiges Kärtchen um und formulieren Sie einen Satz, der zur Abbildung auf dem Kärtchen passt, z. B.: „Wir spielen mit dem Fußball." Fragen Sie anschließend: „Wer hat das Bild auf seinem Lotto-Brett?" oder einfacher „Wem gehört die Karte?" Die Person, die das passende Bild auf ihrem Lotto-Brett hat, meldet sich, bekommt das Kärtchen und legt es an die richtige Stelle auf ihrem Brett. Gewonnen hat, wer zuerst alle Bilder auf dem Lotto-Brett mit Kärtchen bedeckt hat.

Variante 1

Wenn Sie ohne Gewinner*in spielen möchten, können Sie auch so lange spielen, bis alle Kärtchen verteilt sind.

Variante 2

Legen Sie alle Kärtchen offen aus, die Spielbretter liegen an der Seite oder werden an alle Mitspielenden verteilt. Nun beschreiben Sie ein Kärtchen: „Wir basteln." Die Kinder suchen nach dem Kärtchen und klatschen möglichst schnell mit der Hand darauf. Wer das Kärtchen zuerst gefunden hat, darf es auf das passende Spielbrett legen.

18. Lieblingsbeschäftigungen

Ziel des Spiels

Die Kinder festigen den Wortschatz zum Thema „Tätigkeiten in der Kita", verstehen und sprechen einfache Sätze, z. B. „Möchtest du lieber basteln oder lieber lesen?" – „Ich möchte basteln."

Dauer
10–15 Minuten

Alter
ab 3 Jahren

Gruppengröße
2 Personen bis Kleingruppe

Material
✔ Vorlagen Lotto-Bretter „Kita-Lotto 1" und „Kita-Lotto 2" *(Download-bereich, s. Anleitung S. 6)*

Vorbereitung

Drucken Sie die Vorlagen auf dickes Tonpapier oder laminieren Sie sie. Schneiden Sie die Karten aus.

So geht's

Legen Sie alle Karten verdeckt auf dem Tisch aus. Decken Sie zwei Karten auf und beschreiben Sie, was Sie auf den Karten sehen: „Hier bastelt ein Kind. Und auf dieser liest eins." Entscheiden Sie sich für die der beiden Beschäftigungen, die Sie lieber mögen, und fragen Sie ein Kind nach seinen Vorlieben: „Ich lese lieber. Möchtest du lieber basteln oder lieber lesen?" Das Kind antwortet.
Nun ist das Kind dran. Es deckt zwei Karten auf, beschreibt die Tätigkeiten auf den Karten, äußert sich zu den eigenen Vorlieben und befragt Sie nach Ihren Vorlieben. Wenn Sie mit mehreren Kindern spielen, sollten sich immer alle zu ihren Vorlieben äußern.
Beenden Sie das Spiel nach ca. 10–15 Minuten.

Variante

Statt zwei Karten können auch drei oder vier aufgedeckt werden. Die Kinder und Sie legen dann jeweils eine Rangfolge fest: „Am liebsten lese ich. Basteln mag ich auch. Am wenigsten mag ich Seil springen."

19. Bilderrätsel

Ziel des Spiels

Die Kinder festigen den Wortschatz zum Thema „Tätigkeiten in der Kita“.

Vorbereitung

Sie benötigen jeweils ein Foto und ein Blanko-Blatt. Legen Sie das Blanko-Blatt auf das Foto und kleben Sie es mit Klebestreifen am oberen Rand fest.
Ziehen Sie nun mit Lineal und Stift Linien auf dem Blankoblatt, sodass dieses in mehrere Teile geteilt wird. Achten Sie darauf, dass jedes Teil ein Randstück ist.
Schneiden Sie an den Linien entlang, sodass Sie Puzzleteile bekommen. Kleben Sie die Puzzleteile mit kleinen Klebestreifen wieder am Rand mit dem Foto zusammen. Sie sollten das Foto nun hochhalten können, ohne dass ein Puzzleteil herunterfällt.
Verfahren Sie so mit allen anderen Fotos.

Dauer
10–20 Minuten

Alter
ab 5 Jahren

Gruppengröße
3–5 Personen

Material
- ✔ 10–15 DIN-A4-Fotos aus der Kita
- ✔ entsprechend viele Blanko-DIN-A4-Blätter
- ✔ 1 langes Lineal
- ✔ 1 Bleistift

So geht's

Erklären Sie den Kindern, dass es darum geht, möglichst schnell zu erkennen, was auf dem Foto abgebildet ist.
Nehmen Sie ein Foto zur Hand. Lösen Sie ein Puzzleteil ab. Die Kinder können evtl. jetzt schon Vermutungen anstellen. Lösen Sie anschließend nacheinander mit Pausen alle weiteren Puzzleteile ab, bis ein Kind erraten hat, was auf dem Foto abgebildet ist, oder alle Puzzleteile gelöst wurden.

Variante

Sie können die Schwierigkeit variieren, indem Sie das Blankoblatt in mehr oder in weniger Puzzleteile einteilen.

20. Klatschspiel

Ziel des Spiels
Die Kinder festigen den Wortschatz zum Thema „Lebensmittel".

Vorbereitung
Halten Sie 10–15 Lebensmittel-Bilder bereit. Sie können Fotos von Lebensmitteln machen oder aus Werbeprospekten Lebensmittel-Bilder ausschneiden und diese auf Karten (ca. DIN-A7-Größe) kleben.

Dauer
5–10 Minuten

Alter
ab 4 Jahren

Gruppengröße
3–5 Personen

Material
✔ ca. 10–15 Lebensmittel-Bilder (s. Vorbereitung)

So geht's
Zeigen Sie den Kindern alle Karten einzeln und besprechen Sie, wie die abgebildeten Lebensmittel heißen.
Wählen Sie fünf Lebensmittel-Bilder aus und legen Sie diese verteilt auf den Tisch.
Benennen Sie zwei Kinder, die gegeneinander spielen. Nennen Sie ein Lebensmittel. Die Kinder klatschen mit der flachen Hand auf das passende Bild. Wer dies zuerst und richtig schafft, hat gewonnen. Wählen Sie anschließend zwei andere Kinder aus. Spielen Sie in unterschiedlichen Paarkonstellationen, sodass alle einmal gegeneinander gespielt haben.
Wechseln Sie nach ein paar Runden die Bilder gegen andere aus.
Brechen Sie das Spiel ab, wenn die Kinder keine Lust mehr haben.

Variante 1
Machen Sie aus dem Klatschspiel ein Klatsch-Lauf-Spiel. Verteilen Sie die Lebensmittel-Bilder an unterschiedlichen Orten im Raum.
Nennen Sie zunächst ein abgebildetes Lebensmittel und rufen Sie anschließend zwei Kinder auf. Diese suchen das passende Bild, rennen hin, klatschen einmal darauf und rennen zum Platz zurück. Wer zuerst wieder auf seinem Platz sitzt, hat gewonnen.
Nennen Sie in der nächsten Runde ein anderes Lebensmittel und rufen Sie andere Kinder auf. Warten Sie immer ein paar Sekunden, ehe Sie die Namen nennen, sodass alle Kinder das Lebensmittel-Bild erst einmal suchen können.

Variante 2

Notieren Sie, welche Lebensmittel auf den Bildern abgebildet sind. Schreiben Sie im Vorfeld eine kleine Geschichte oder erzählen Sie diese spontan. In der Geschichte sollten die Lebensmittel mehrfach benannt werden. Verteilen Sie die Bilder an die Kinder. Lesen oder erzählen Sie die Geschichte. Jedes Mal, wenn ein Lebensmittel genannt wird, steht das Kind, auf dessen Bild das Lebensmittel zu sehen ist, auf und klatscht in die Hände.

Weiterführende Idee 1

Verteilen Sie die Bilder an unterschiedlichen Stellen im Raum. Stellen Sie sich mit den Kindern eine Einkaufssituation vor. Sagen Sie: „Ich brauche eine Tomate, einen Salatkopf und eine Zwiebel." Schicken Sie ein Kind mit dem Auftrag, die genannten Lebensmittel „einzukaufen", los. Vielleicht haben Sie auch ein kleines Körbchen da, das Sie dem Kind mitgeben können. Wenn das Kind zurück am Platz ist, packt es aus und berichtet: „Ich habe eine Tomate, einen Salatkopf und eine Zwiebel geholt/gekauft." Gemeinsam kann sich dann ein Gespräch daraus ergeben, welche Speisen (in diesem Fall ein gemischter Salat) man mit den Lebensmitteln zubereiten kann.

Weiterführende Idee 2

Machen Sie mit den Kindern einen Ausflug in den nächstgelegenen Supermarkt. Verteilen Sie die Lebensmittel-Bilder vor Betreten des Supermarktes an die Kinder. Die meisten Kinder werden den ansässigen Supermarkt kennen, sodass Sie – ebenfalls vor Betreten des Marktes – gemeinsam überlegen können, welche Lebensmittel sich in der Nähe befinden (z. B. alle Obst- und Gemüsesorten in einer Abteilung, Kühlprodukte in einer anderen).
Gehen Sie gemeinsam durch den Supermarkt. Wenn ein Kind das Lebensmittel, dessen Bild es in der Hand hält, vor Ort sieht, führt es die Gruppe dorthin, zeigt das Lebensmittel, benennt es und spricht evtl. noch dazu, z. B.: „Das ist eine Zucchini. Wir sind in der Gemüseabteilung. Aus Zucchini kann man z. B. einen Salat oder Suppe machen."

Weiterführende Idee 3

Vor, nach oder unabhängig vom Besuch im Supermarkt kann man mit den Kindern die Lebensmittel-Bilder nach Gruppen sortieren, z. B. Obst, Gemüse, Fleisch, Milchprodukte, Brot und Brötchen, Süßigkeiten usw. Für jede Gruppe kann eine Collage erstellt werden, für die die Kinder allein, zu zweit oder in der Kleingruppe aus Prospekten weitere Bilder ausschneiden und diese auf DIN-A2-Plakate oder DIN-A4-Blätter kleben. Jede Collage kann im Anschluss allen anderen präsentiert werden.

21. Schmeckt dir das?

Ziel des Spiels
Die Kinder vertiefen den Wortschatz zum Thema „Lebensmittel“ und bilden einfache Satzstrukturen.

Vorbereitung
Halten Sie die Materialien bereit.

So geht's
Bilden Sie mit den Kindern einen Sitzkreis. Legen Sie die Lebensmittel in der Mitte aus und besprechen Sie mit den Kindern, wie die Lebensmittel heißen. Wählen Sie zwei Lebensmittel und legen Sie diese auf den Teller. Sprechen Sie dazu: „Senf mit Kakaopulver. Schmeckt dir/euch das oder schmeckt dir/euch das nicht?“
Die Kinder antworten: „Das schmeckt mir.“ oder „Das schmeckt mir nicht.“
Legen Sie die Lebensmittel wieder zurück und reichen Sie einem Kind den Teller. Nun kombiniert das Kind zwei Lebensmittel und spricht dazu.

Dauer
5–10 Minuten

Alter
ab 4 Jahren

Gruppengröße
ab 2 Personen

Material
- ✔ verschiedene abgepackte Lebensmittel bzw. Lebensmittelpackungen (z. B. Milchtüte, Brötchen, Kakaopulver, Joghurtbecher, Essigflasche, Bonbon, Senf, Schokoladentafel)
- ✔ 1 Teller

Variante
Bringen Sie die Lebensmittel in zwei verschiedenen Körben mit, die Sie jeweils mit einem Tuch abdecken. Lassen Sie immer zwei Kinder verdeckt ein Lebensmittel aus dem Korb ziehen, auf den Teller legen und dazu sprechen: „Das ist eine Milchtüte.“ Fragen Sie die Kinder anschließend, ob die Zufallskombination den Kindern schmeckt bzw. nicht schmeckt.
Stellen Sie zum Schluss Kombinationen zusammen, die auf jeden Fall schmecken (z. B. Haferflocken mit Milch, Brot mit Marmelade etc.).
Abschließend können Sie mit den Kindern in ein Gespräch über ihre Lieblingsgerichte kommen.

Weiterführende Idee
Bereiten Sie mit den Kindern gemeinsam aus den mitgebrachten Lebensmitteln leckere Speisen zu, z. B. Joghurt mit Marmelade oder frischen Früchten, belegte Brötchen, gesundes Müsli aus Haferflocken und Nüssen. **Hinweis:** Informieren Sie auf jeden Fall vorher die Eltern darüber und fragen Sie Lebensmittelallergien ab.

22. Lebensmittel-Puzzle

Ziel des Spiels

Die Kinder festigen den Wortschatz zum Thema „Lebensmittel" und formulieren einfache Sätze, z. B.: „Das ist eine Tomate."

Vorbereitung

Fotografieren Sie ca. zehn Lebensmittel einzeln und drucken Sie die Fotos im Format 10 x 15 cm bzw. DIN A5 oder größer aus. Schneiden Sie jedes Foto in drei bis sechs Puzzleteile und stecken Sie alle Puzzleteile, die zu einem Foto gehören, in einen Umschlag.
Alternativ können Sie auch im Internet nach passenden Bildern suchen und diese in A5- oder A4-Größe ausdrucken.

Dauer
5–10 Minuten

Alter
ab 4 Jahren

Gruppengröße
ab 2 Personen

Material
- ✔ 10 Fotos von Lebensmitteln (s. Vorbereitung)
- ✔ 10 Umschläge

So geht's

Nehmen Sie einen Umschlag zur Hand. Legen Sie ein Puzzleteil vor sich hin und fragen Sie ein Kind: „Was ist das?" Wenn das Kind das Lebensmittel noch nicht erraten kann, legen Sie das nächste Puzzleteil dazu und fragen erneut. Dies geht so lange, bis das Kind das Lebensmittel erraten hat. Setzen Sie zur Kontrolle alle Puzzleteile zusammen bzw. geben Sie dem Kind die Puzzleteile zum Zusammensetzen. Je nach Fähigkeiten des Kindes können Sie nun ein kurzes Gespräch zum Lebensmittel führen: „Magst du Tomaten?", „Welche Farbe haben Tomaten?", „Hast du schon einmal Tomatensalat gegessen?" usw.
Das Spiel ist zu Ende, wenn alle Puzzles zusammengesetzt wurden.

Variante

Machen Sie von jedem Lebensmittel-Foto zwei Abzüge. Zerschneiden Sie nur ein Foto, das andere bleibt ganz. Zeigen Sie dem Kind zunächst die Fotos und besprechen Sie, wie die abgebildeten Lebensmittel heißen. Üben Sie evtl. die Namen der Lebensmittel ein, bis das Kind sie sicher beherrscht. Legen Sie die Fotos an den Rand des Tisches, sodass das Kind abgucken kann. Spielen Sie das Spiel dann wie beschrieben.

23. Lebensmittel-Domino

Ziel des Spiels

Die Kinder festigen den Wortschatz zum Thema „Lebensmittel", lernen Eigenschaften von Lebensmitteln kennen (z. B. flüssig, weich) und formulieren einfache Sätze, z. B.: „Der Kakao ist braun/kalt/warm/flüssig."

Dauer
5–10 Minuten

Alter
ab 5 Jahren

Gruppengröße
2 Personen bis Kleingruppe

Material
- ✔ Domino-Karten „Lebensmittel-Domino" *(Downloadbereich, s. Anleitung S. 6)*
- ✔ evtl. die auf den Karten dargestellten Lebensmittel als Realien zum Anfassen und Probieren
- ✔ Probierlöffel in der Anzahl der Kinder

Vorbereitung

Drucken Sie die Karten „Lebensmittel-Domino" aus und kopieren Sie diese auf dickes Tonpapier oder laminieren Sie die Kopie. Schneiden Sie die Karten aus.
Stellen Sie, wenn Sie möchten, die Realien zusammen. Denken Sie an genügend Probierlöffel, z. B. für den Honig. **Hinweis:** Informieren Sie auf jeden Fall vorher die Eltern darüber und fragen Sie Lebensmittelallergien ab.

So geht's

Legen Sie die Karten offen auf den Tisch. Besprechen Sie mit den Kindern, wie die abgebildeten Lebensmittel heißen, welche Farbe und Konsistenz etc. sie haben.
Beginnen Sie mit der START-Karte und legen Sie diese vor sich hin. Lesen Sie den Kindern die Beschreibung im rechten Kasten der START-Karte vor. Fragen Sie den*die nächste*n Spieler*in anschließend: „Was ist das?" Er*sie soll nun das passende Lebensmittel suchen. Das Kind nimmt die Karte mit den Gummibärchen, legt sie an die START-Karte an und sagt: „Ein Gummibärchen ist weich und süß."
Lesen Sie nun die nächste Beschreibung vor. Dies geht so lange, bis alle Karten aufgebraucht sind. Die letzte Karte muss die ENDE-Karte sein.

Variante

Sie können die Kopiervorlage auch doppelt kopieren und nur die Bildkarten ausschneiden. Dann haben Sie ein Memo-Spiel. Aufgabe der Kinder ist es, die Paare zu finden und jedes Mal das gezeigte Lebensmittel zu beschreiben.

24. Einkaufsspiel

Ziel des Spiels

Die Kinder festigen den Wortschatz zum Thema „Einkaufen".

Vorbereitung

Zeichnen Sie auf die DIN-A2-Blätter einen Einkaufskorb.
Zeichnen Sie auf das DIN-A4-Blatt sechs Würfel mit den jeweiligen Würfelaugen von 1–6.
Schneiden Sie aus Werbeprospekten Lebensmittel aus, die Sie neben jeden Würfel als Symbole für eine Artikelgruppe kleben:

1 = Milchtüte und Käse (Milchprodukte)
2 = Banane und Gurke (Obst und Gemüse)
3 = Bonbon und Schokolade (Süßigkeiten)
4 = Würstchen (Fleisch und Wurst)
5 = Brot und Nudeln (Brot und Grundnahrungsmittel)
6 = Flasche und Dose (Getränke)

Dies ist die Spielanleitung.

Dauer
15–20 Minuten

Alter
ab 5 Jahren

Gruppengröße
ab 2 Personen

Material
- ✔ Werbeprospekte
- ✔ pro Kind 1 DIN-A2-Blatt
- ✔ 1 DIN-A4-Blatt
- ✔ 1 Würfel

So geht's

Legen Sie die Spielanleitung in die Mitte. Jede*r Spieler*in erhält einen Einkaufskorb (DIN-A2-Blatt).
Würfeln Sie. Die gewürfelte Augenzahl gibt Ihnen Auskunft darüber, aus welcher Artikelgruppe Sie ein Produkt auswählen müssen. Suchen Sie ein entsprechendes Produkt in einem Werbeprospekt aus, schneiden Sie es aus und legen Sie es in Ihren Einkaufskorb. Sprechen Sie dazu: „Ich habe eine Zwei gewürfelt. Nun suche ich ein Produkt aus der Gruppe 2 (Obst und Gemüse). Ich lege eine Banane in meinen Einkaufskorb."
Anschließend ist ein Kind an der Reihe.
Das Spiel ist beendet, wenn jede*r zehn Produkte im Einkaufskorb hat.
Leeren Sie Ihren Einkaufskorb und zählen Sie alle Produkte nochmals auf: „Ich habe Folgendes eingekauft: eine Banane, eine Tüte Gummibärchen …"

Variante

Verändern Sie den Themenkreis, indem Sie Werbeprospekte wählen, die keine bzw. nicht ausschließlich Lebensmittel zeigen (z. B. Schreibwaren, Spielsachen usw.).

25. Kleiderhaufen

Ziel des Spiels

Die Kinder vertiefen den Wortschatz zum Thema „Kleidung“ und sprechen einfache Sätze, z. B. „Gehört dir die Jacke?“, „Die Jacke gehört mir (nicht)“.

Dauer
5–10 Minuten

Alter
ab 3 Jahren

Gruppengröße
Kleingruppe bis 10 Personen

Material
✔ Kleidungsstücke der mitspielenden Kinder und von Ihnen (Jacken, Schuhe, Mützen usw.)

Vorbereitung

Suchen Sie Kleidungsstücke der Kinder und von Ihnen zusammen (mindestens drei pro Spieler*in) und legen Sie diese auf einem Haufen zusammen. Sie können die Kinder auch bitten, ihre Kleidungsstücke selbst zu holen.

So geht's

Setzen Sie sich mit den Kindern um den Kleiderhaufen herum. Nehmen Sie ein Kleidungsstück und sprechen Sie ein Kind an: „Adriana, gehört diese Jacke dir?“ Das Kind antwortet: „Ja, diese Jacke gehört mir.“ oder „Nein, diese Jacke gehört mir nicht.“ Gehört dem angesprochenen Kind das Kleidungsstück, nimmt es dieses zu sich und darf weitermachen. Gehört dem angesprochenen Kind das Kleidungsstück nicht, dürfen Sie noch zwei weitere Kinder ansprechen, bevor Sie fragen: „Wem gehört diese Jacke?“
Das Spiel ist beendet, wenn alle Kleidungsstücke bei ihren Besitzer*innen sind.

Variante

Spannender wird es, wenn Sie über den Kleiderhaufen eine Decke legen, sodass man nicht sieht, welches Kleidungsstück als nächstes gezogen wird.

26. Kleidertanz

Ziel des Spiels
Die Kinder festigen den Wortschatz zum Thema „Kleidung".

Vorbereitung
Halten Sie die Materialien bereit.

Dauer
5–10 Minuten

Alter
ab 3 Jahren

Gruppengröße
4 Personen bis Großgruppe

Material
✔ Musik

So geht's
Schalten Sie die Musik an. Alle Kinder tanzen oder gehen durch den Raum. Schalten Sie die Musik nach einer Weile aus. Die Kinder bleiben wie „eingefroren" stehen und hören Ihnen zu. Sagen Sie an, welche Kinder sich weiter bewegen dürfen, alle anderen bleiben stehen (z. B. „Alle Kinder mit einer blauen Hose/roten Strümpfen/weißem T-Shirt hüpfen auf einem Bein/kriechen/schleichen/stampfen."). Bitten Sie ein Kind zu sich und schalten Sie dann die Musik wieder ein. Dies ist das Zeichen, dass wieder alle Kinder tanzen dürfen. Wenn Sie das nächste Mal die Musik stoppen, darf das Kind, das bei Ihnen ist, ansagen, welche Kinder sich weiter bewegen dürfen.

Variante 1
Damit nicht einige Kinder stehen bleiben müssen, können Sie die Spielregeln auch so variieren, dass alle Kinder bis zum nächsten Musikstopp weitertanzen, aber die ausgewählten (mit roten Strümpfen/grünem T-Shirt …) sich in besonderer Weise fortbewegen müssen (hüpfen, kriechen).

Variante 2
Sie können das Spiel auch in der Turnhalle oder im Freien als Fangspiel spielen. Dann müssen alle Kinder mit dem angesagten Kleidungsstück die anderen Kinder fangen. Wer gefangen wurde, bleibt stehen.

27. Lebendige Anziehpuppe

Ziel des Spiels
Die Kinder festigen den Wortschatz zu den Themen „Kleidung“ und „Farben“ und sprechen einfache Aufforderungssätze.

Vorbereitung
Halten Sie die Materialien bereit. Wenn Sie zu zweit mit einem Kind spielen, sollte es sowohl Kleidungsstücke in Ihrer Größe als auch in der Größe des Kindes geben.

So geht's
Zeigen Sie den Kindern alle Kleidungsstücke und sprechen Sie mit ihnen die Bezeichnungen der Kleidungsstücke durch.
Fordern Sie ein Kind auf, ein bestimmtes Kleidungsstück anzuziehen: „Bitte zieh die grünen Handschuhe an.“ Das Kind zieht das Kleidungsstück an und gibt danach dem Partnerkind eine Anweisung, welches Kleidungsstück es anziehen soll. Die Kinder wechseln sich so lange ab, bis beide mit dem Erscheinungsbild des anderen Kindes einverstanden sind. Sie schauen sich dann gemeinsam im Spiegel an und/oder machen ein Foto.

Dauer
5–10 Minuten

Alter
ab 4 Jahren

Gruppengröße
ab 2 Personen

Material
- ✔ Kleidungsstücke, die über die normale Kleidung gezogen werden können, wie weite T-Shirts, Pullover, Jacken, Mützen, Hüte, Schals, Handschuhe (keine Hosen, Strümpfe, Unterwäsche)
- ✔ evtl. 1 großer Spiegel
- ✔ evtl. 1 Fotoapparat

Variante 1
Nur eines der beiden Kinder des Paares zieht die Kleidungsstücke an. Ein Kind ist „Anziehberater*in“, das andere die „Anziehpuppe“. Alle Kinder sitzen im Kreis. Nacheinander sucht jede*r Anziehberater*in ein Kleidungsstück aus, gibt es seiner*ihrer „Anziehpuppe“ und spricht dazu: „Bitte zieh die Mütze an.“

Variante 2
Geben Sie einen Anlass vor, für den passende Kleidung angezogen werden soll, z. B. für einen Sonnen- oder Regentag, für ein Fest, für einen Ausflug in den Wald. Kommen Sie mit den Kindern darüber ins Gespräch, zu welchem Anlass welche Kleidungsstücke passen bzw. nicht passen, z. B.: „Gummistiefel passen nicht zu einem Sommertag, weil es nicht regnet.“

28. Detektivspiel

Ziel des Spiels

Die Kinder festigen den Wortschatz zum Thema „Kleidung".

Vorbereitung

keine

So geht's

Bilden Sie einen Sitzkreis.
Wählen Sie zwei „Detektivkinder" aus, die den Raum verlassen.
Bitten Sie drei Kinder, die im Raum verblieben sind, an ihrer Kleidung etwas zu ändern, z. B.:

- die Jacke ausziehen
- ein Hosenbein hochkrempeln
- den Knopf an der Bluse öffnen
- den Pulli verkehrt herum anziehen

Bitten Sie die Detektivkinder wieder in den Raum. Gemeinsam gucken sie sich alle Kinder an, sprechen sich miteinander ab und versuchen, herauszufinden, welche Kinder ihre Kleidung verändert haben. Sie befragen die Kinder: „Lima, hast du deinen Pulli verkehrt herum angezogen?"
Die Runde ist zu Ende, wenn alle drei veränderten Kinder identifiziert wurden.

Dauer
5–10 Minuten

Alter
ab 4 Jahren

Gruppengröße
ca. 6–8 Personen

Material
keines

Variante 1

Schicken Sie nur ein Detektivkind nach draußen.

Variante 2

Es verändert nur ein Kind etwas an der Kleidung und das Detektivkind hat nur drei Versuche, die Veränderungen herauszufinden.

29. Kleidungskette

Ziel des Spiels
Die Kinder festigen den Wortschatz zum Thema „Kleidung“

Vorbereitung
keine

So geht's
Bilden Sie mit den Kindern einen Stehkreis. Stellen Sie sich in die Mitte des Kreises. Beschreiben Sie Ihre Kleidung, z. B.: „Ich trage heute blaue Schuhe, weiße Strümpfe, ein rot-weiß gestreiftes T-Shirt und eine blaue Jacke. Mein Haarband ist auch blau.“
Fragen Sie dann: „Wer kann weitermachen?“
Die Kinder gucken nun, ob sie mit Ihnen eine Gemeinsamkeit in der Kleidung aufweisen. Ein Kind könnte sagen: „Ich kann weitermachen. Ich trage auch weiße Strümpfe.“
Dann stellt sich das Kind neben Sie. Es beschreibt sich nun selbst und fragt ebenfalls: „Wer kann weitermachen?“
Das Spiel ist zu Ende, wenn alle Kinder sich in die Kette einreihen konnten.
Es ergibt keinen Sinn, dass die Kinder der Stehkreis-Reihe nach drankommen, sondern so, wie es eben gerade passt.
Vor allem bei den Kindern, die am Ende übrig bleiben, kann man die Regeln dahin gehend erweitern, dass sie sich in die Reihe dazustellen dürfen.

Dauer
5–10 Minuten

Alter
ab 5 Jahren

Gruppengröße
8 Personen bis Großgruppe

Material
keines

Variante
Weiten Sie die Gemeinsamkeiten auf Haare (Haarfarbe, Locken, Frisur, Länge der Haare), Augenfarbe, Brillen, Uhren, Schmuck etc. aus. Ein Kind könnte z. B. sagen: „Ich kann weitermachen. Wir tragen beide eine Brille.“

30. Spielzeugvergleich

Ziel des Spiels

Die Kinder festigen den Wortschatz zum Thema „Spielzeug" und können eine Wahl treffen, z. B.: „Ich spiele lieber mit Puppen als mit Autos."

Vorbereitung

Halten Sie die Materialien bereit.

So geht's

Ziehen Sie zwei Gegenstände aus dem Beutel, z. B. eine Puppe und ein Auto. Treffen Sie Ihre Entscheidung: „Ich spiele lieber mit der Puppe.", und fragen Sie ein Kind, womit es lieber spielt. Das Kind antwortet.

Behalten Sie die Puppe und stecken Sie das Auto in den Beutel zurück. Nun zieht ein anderes Kind zwei Spielzeuge, trifft seine Entscheidung und befragt ein drittes Kind nach seiner Präferenz. Diesmal behält das Kind das Spielzeug, mit dem es lieber spielt. Das Spiel ist zu Ende, wenn alle Spielzeuge verteilt wurden.

Dauer
10–15 Minuten

Alter
ab 3 Jahren

Gruppengröße
2 Personen bis Kleingruppe

Material
✔ verschiedenes Spielzeug in einem Stoffbeutel

Variante

Legen Sie alle Spielzeuge in den Kreis. Nehmen Sie sich Ihr Lieblingsspielzeug, zeigen Sie es den Kindern und sagen Sie: „Ich spiele am liebsten mit der Puppe, weil die wie ein Mensch aussieht." Legen Sie die Puppe wieder zurück, damit alle Kinder diese im Anschluss auch aussuchen können. Drehen Sie sich zu Ihrem linken Nachbarkind und fragen Sie: „Ferhad, womit spielst du am liebsten?" Das Kind nimmt sein Lieblingsspielzeug, zeigt es den anderen und stellt es vor: „Ich spiele am liebsten mit dem Auto, weil …" Anschließend legt es das Spielzeug zurück und wendet sich ebenfalls an sein linkes Nachbarkind.

So können nacheinander alle Kinder ihr Lieblingsspielzeug vorstellen und ihre Auswahl begründen.

31. Wohin gehören die Bauklötze?

Ziel des Spiels

Die Kinder festigen den Wortschatz zum Thema „Spielzeug", orientieren sich in der Kita und sprechen einfache Frage- und Antwortsätze, z. B.: „Wohin gehören die Bauklötze?" – „Die Bauklötze gehören in die Bauecke."

Dauer
5–10 Minuten

Alter
ab 4 Jahren

Gruppengröße
2 Personen bis Kleingruppe

Material
✔ Fotos/Bilder von Spielzeug, das es in der Kita gibt, jedoch ohne Abbildung des Ortes, an dem es aufbewahrt wird

Vorbereitung

Halten Sie die Materialien bereit.

So geht's

Legen Sie die Bilder verdeckt auf einen Stapel. Nehmen Sie das oberste Bild vom Stapel, drehen Sie es um und fragen Sie ein Kind: „Was ist das?" Das Kind antwortet: „Das sind Bauklötze." Fragen Sie weiter: „Wohin gehören die Bauklötze?" Das Kind antwortet: „Die Bauklötze gehören in die Bauecke." Gehen Sie gemeinsam mit dem Kind oder allen Mitspielenden in die Bauecke und überprüfen Sie die Richtigkeit der Antwort. Hat das Kind den falschen Ort aufgesucht, sollten Sie einen kleinen Hinweis geben, damit es beim nächsten Versuch klappt. Hat das Kind den richtigen Ort gefunden, bekommt es das Bild. Das Spiel ist zu Ende, wenn alle Bilder angesehen und die Materialien in der Kita gefunden wurden.

Variante

Wenn Ihre Räumlichkeiten dies zulassen, können Sie alle Bilder auslegen und mit den Kindern sortieren, in welchen Räumen sich mehrere Materialien befinden. Gehen Sie dann Raum für Raum ab und überprüfen Sie die Richtigkeit.

32. Singular-Plural-Brettspiel

Ziel des Spiels

Die Kinder festigen den Wortschatz zum Thema „Spielzeug" und können Pluralformen bilden.

Vorbereitung

Drucken Sie das Spielbrett auf Tonkarton oder laminieren Sie die Kopie. Zur besseren Spielbarkeit können Sie es auch vergrößern.

Dauer
10–15 Minuten

Alter
ab 4 Jahren

Gruppengröße
2 Personen bis Kleingruppe

Material
- ✔ Vorlage Singular-Plural-Brettspiel *(Downloadbereich, s. Anleitung S. 6)*
- ✔ 1 Würfel
- ✔ pro Kind 1 Spielfigur

So geht's

Setzen Sie alle Spielfiguren auf „START". Würfeln Sie und ziehen Sie Ihre Spielfigur um die gewürfelte Augenzahl weiter. Sehen Sie sich das Bild an, auf dem Ihre Figur nun steht (z. B. Bild mit einem Ball), benennen Sie es („Das ist ein Ball.") und bilden Sie die Pluralform („Ich suche jetzt mehrere Bälle."). Suchen Sie auf dem Spielplan das zu Ihrem Bild gehörende Spielfeld (Bild mit mehreren Bällen). Setzen Sie Ihre Figur auf dieses Spielfeld.
Sollten Sie auf ein Bild kommen, auf dem mehrere Spielzeuge abgebildet sind, suchen Sie das passende Einzahl-Spielfeld.
Achtung: Bei diesem Spiel muss man manchmal auch zurückgehen.
Gewonnen hat, wer als Erster genau das Ziel erreicht.
Wer vor dem Ziel steht, muss so lange würfeln, bis er genau hineinkommt. In diesem Spiel wird nicht rausgeschmissen.

Variante

Wenn das Spiel zu lange dauert, spielen Sie eine kürzere Variante, in der es kein „Zurück" gibt. Es wird jeweils nur der abgebildete Gegenstand benannt und auf dem Spielfeld gezeigt, wo sich das passende Gegenstück befindet.

33. Familien-Atomspiel

Ziel des Spiels
Die Kinder festigen den Wortschatz zum Thema „Familie". Sie lernen, dass es unterschiedliche Familienkonstellationen gibt.

Vorbereitung
keine

So geht's
Besprechen Sie mit den Kindern, welche Mitglieder es in Familien geben kann, z. B.
- Mutter (eine oder zwei)
- Vater (einen oder zwei)
- Tochter (eine oder mehrere)
- Sohn (einen oder mehrere)
- Oma (eine oder zwei)
- Opa (einen oder zwei)

Dauer
10–15 Minuten

Alter
ab 5 Jahren

Gruppengröße
12 Personen bis Großgruppe

Material
- ✔ 1 großes DIN-A2-Blatt; Plakat oder Flipchart-Blatt
- ✔ 1 Stift

Malen Sie evtl. zu jeder Figur ein Gesicht auf das Blatt Papier und schreiben Sie die Personenbezeichnung dazu.
Verteilen Sie die Rollen an die Kinder. Jedes Kind stellt eine Person dar. Von jeder Person muss es mindestens zwei geben.
Die Kinder laufen im Raum (oder in der Turnhalle) frei herum. Klatschen Sie in die Hand, sodass die Kinder stehen bleiben. Beschreiben Sie eine Familienkonstellation, z. B.:
- „Die Familie besteht aus einer Mama und einem Sohn."
- „Die Familie besteht aus zwei Papas, einer Oma und einer Tochter."
- „Die Familie besteht aus einem Papa, einer Mama, einer Tochter, einem Sohn, einem Opa, einer Oma."

usw.

Die Kinder finden sich nun zusammen. Dabei bleibt es nicht aus, dass manche Kinder nicht zur vorgegebenen Familienkonstellation passen.
Es müssten sich bei zwölf Kindern immer zwei Familien zusammenfinden.
Gehen Sie zu den Familien und bitten Sie die Kinder, sich vorzustellen. Überprüfen Sie, ob alle Personen „anwesend" sind. Starten Sie dann die nächste Runde.

Variante
Zur Veranschaulichung können Sie auch Karten mit Personen austeilen, sodass jedes Kind weiß, welche Person es darstellen soll.

34. Familiensuche

Ziel des Spiels
Die Kinder festigen den Wortschatz zum Thema „Familie“ und sprechen einfache Sätze.

Vorbereitung
Drucken Sie beide Vorlagen aus und schneiden Sie die Karten aus.

So geht's
Legen Sie alle Karten offen auf dem Tisch aus. Wählen Sie ein Bild aus und beschreiben Sie, was darauf zu sehen ist, z. B.: „Ich suche die Familie, die gerade schwimmen geht. Sie besteht aus Papa und Sohn. Wo ist sie?“
Fordern Sie ein Kind auf, die Karte zu zeigen. Dann beschreibt ein Kind eine Familiensituation auf einer anderen Karte und die anderen raten. Drehen Sie jede Karte, die beschrieben wurde, um.

Dauer
5–10 Minuten

Alter
ab 5 Jahren

Gruppengröße
2 Personen bis Kleingruppe

Material
✔ Karten von den Vorlagen „Familiensuche 1“ und „Familiensuche 2“ *(Downloadbereich, s. Anleitung S. 6)*

Variante
Kopieren Sie den doppelten Kartensatz und spielen Sie ein Memo-Spiel.

Weiterführende Idee
Gucken Sie sich mit Kindern verschiedene Abbildungen und Fotos von Familien an. Diese finden Sie in Kinderbüchern, in der Zeitung, in Zeitschriften, im Internet. Besprechen Sie mit den Kindern, wer zur Familie gehört und was die Familien machen. An dieser Stelle kann man auch gut den Begriff „Großfamilie“ mit Oma und Opa und weiteren Verwandten thematisieren und darüber sprechen, ob Haustiere ein Teil der Familie sind. Thematisieren Sie auch vielfältige Lebensrealitäten und Familienkonstellationen, wie Alleinerziehende, gleichgeschlechtliche Elternteile, Patchworkfamilien und Pflegefamilien.
Interessant ist es sicherlich auch, alte Schwarz-Weiß-Fotos zu zeigen und die Kinder die Unterschiede zu heutigen Familien benennen zu lassen (z. B. waren Familien mit über zehn Kindern früher keine Seltenheit.)

35. Flaschendrehen

Ziel des Spiels

Die Kinder tauschen sich über ihre Familien aus und festigen den Wortschatz zum Thema „Familie".

Dauer
5–10 Minuten

Alter
ab 5 Jahren

Gruppengröße
Kleingruppe

Material
✔ 1 Flasche

Vorbereitung

keine

So geht's

Bilden Sie mit den Kindern einen Sitzkreis auf dem Boden. Erklären Sie ihnen, dass es in jeder Familie unterschiedliche und unterschiedlich viele Personen gibt. Und in jeder Familie gibt es bestimmte Aufgabenteilungen, denn jede Person kann etwas besonders gut. Es soll bei dem Spiel darum gehen, sich über die Familien auszutauschen und diese besser kennenzulernen.
Sagen Sie z. B.: „Wer in deiner Familie kann am besten Witze erzählen?" Drehen Sie dann die Flasche. Das Kind, auf das die Flasche zeigt, berichtet von seiner Familie. Anschließend darf dieses Kind eine Frage stellen. Evtl. müssen Sie den Kindern dabei helfen und das Kind fragen, was es denn an einer anderen Familie interessieren würde.
Weitere Beispielfragen:

- „Wer kocht am besten?"
- „Wer kann am schnellsten laufen?"
- „Wer geht als Letzter ins Bett?

Achten Sie darauf, dass die Fragen stets positiv/neutral sind und keine Personen diffamieren können. Es geht bei dem Spiel nicht darum, die Familiensituation darzustellen, sondern etwas Lustiges über die Familie zu erfahren.
Beenden Sie das Spiel sofort, wenn die Stimmung kippen sollte.

Variante

Zur Veranschaulichung und sprachlichen Unterstützung können Sie Fotos oder Zeichnungen verschiedener Personen (z. B. aus dem Internet) mitbringen, die stellvertretend für Mama, Papa, Kind, Opa, Oma stehen können. Bevor das Kind die Flasche dreht, kann es einen kleinen Stein o. Ä. auf das Bild legen, sodass alle wissen, welche Person gemeint ist.

36. Schatzsuche

Ziel des Spiels
Die Kinder festigen den Wortschatz zum Thema „Wohnen" und orientieren sich in der Kita. Sie sprechen einfache Sätze, z. B. „Das ist ein Löffel. Löffel gibt es in der Küche".

Vorbereitung
Verteilen Sie die Briefumschläge in der Kita in folgender Weise: Behalten Sie den Umschlag Nr. 1, in dem z. B. das Bild eines Löffels ist. Legen Sie den Umschlag Nr. 2 in die Schublade mit dem fotografierten Löffel. Im Umschlag Nr. 2 ist z. B. das Foto eines Besens. Hängen Sie den Umschlag Nr. 3 neben den Besen usw. Der letzte Umschlag ist der Umschlag mit der Krone, in dem sich der „Schatz" befindet.

Dauer
10–15 Minuten

Alter
ab 5 Jahren

Gruppengröße
2 Personen bis Kleingruppe

Material
- ✔ 8–10 Fotos von verschiedenen Gegenständen in der Kita
- ✔ nummerierte Briefumschläge für die Fotos in gleicher Anzahl
- ✔ 1 Schatz in einem Umschlag mit Krone (z. B. für jedes Kind 1 Aufkleber)

So geht's
Zeigen Sie den Kindern das Foto aus Umschlag Nr. 1 und fragen Sie: „Was ist das?" Ein Kind antwortet: „Das ist ein Löffel. Die Löffel sind in der Küche." Gehen Sie mit den Kindern in die Küche und lassen Sie sie dort den Aufbewahrungsort und damit den nächsten Umschlag finden. Verfahren Sie so weiter, bis Sie gemeinsam den Schatz gefunden haben.

Variante
Spielen Sie gemeinsam mit einem Kollegen oder einer Kollegin, die eine weitere Kindergruppe übernimmt. Bereiten Sie zwei unterschiedliche Schatzsuchen vor.
Wenn beide Gruppen ihre Schätze gefunden haben, treffen sie sich und berichten der jeweils anderen Gruppe, welche Gegenstände sie gefunden bzw. welche Orte sie aufgesucht haben. Die Fotos können dabei helfen, den Weg nachzuvollziehen.

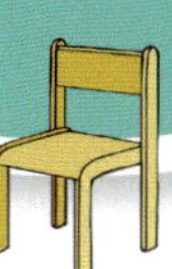

37. Wohnungslotto

Ziel des Spiels
Die Kinder festigen den Wortschatz zum Thema „Wohnen".

Dauer
10–15 Minuten

Alter
ab 4 Jahren

Gruppengröße
2–4 Personen

Material
✔ Lotto-Bretter und Lotto-Karten von den Vorlagen „Wohnungslotto 1" und „Wohnungslotto 2" *(Downloadbereich, s. Anleitung S. 6)*

Vorbereitung
Drucken Sie die Vorlagen „Wohnungslotto 1" und „Wohnungslotto 2" jeweils 2-mal auf dickes Tonpapier oder laminieren Sie die Kopien.
Schneiden Sie von je einer Kopie die Lotto-Bretter im Ganzen und von der zweiten jeweils alle Karten aus.

So geht's
Verteilen Sie die Lotto-Bretter. Jede*r Spieler*in erhält ein Lotto-Brett. Spielen Sie zu dritt, wird das übrig gebliebene Lotto-Brett ebenfalls auf den Tisch gelegt. Wenn Sie nur zu zweit spielen, bekommt jede*r Spieler*in zwei Lotto-Bretter.
Legen Sie alle Karten verdeckt auf dem Tisch aus.
Ziehen Sie eine Karte, zeigen Sie diese herum und sagen Sie: „Die Badewanne gehört ins Badezimmer. Wer hat das Badezimmer-Lotto-Brett?" Das Kind, vor dem das Badezimmer-Brett liegt, erhält die Karte und legt diese auf das passende Bild auf dem Lotto-Brett.
Nun ist das nächste Kind an der Reihe.
Das Spiel ist beendet, wenn alle Karten auf den Lotto-Brettern verteilt sind.

Variante
Sie können jeweils auch dazusagen, wozu man den abgebildeten Gegenstand nutzt, z. B.: „Die Badewanne gehört ins Badezimmer. Ich kann mich darin waschen."

38. Stationen ablaufen

Ziel des Spiels

Die Kinder festigen den Wortschatz zum Thema „Wohnen“ und orientieren sich in der Kita.

Vorbereitung

Halten Sie die Materialien bereit. Verteilen Sie die Belohnungen an den jeweiligen Orten.

Dauer
10–15 Minuten

Alter
ab 5 Jahren

Gruppengröße
2–6 Personen

Material
- ✔ 1 DIN-A4-Blatt
- ✔ 1 Stift
- ✔ Belohnungen für die Kinder (z. B. Murmeln, Sticker o. Ä.)

So geht's

Sie sind die Spielleitung. Spielen Sie eine Proberunde: Nennen Sie den Kindern drei Orte (z. B. Toilette, Eingangstür, Büro …) oder Gegenstände im Raum (z. B. Fensterbrett, Tür, Regal …), die diese nacheinander (in der von Ihnen genannten Reihenfolge) ablaufen sollen. Notieren Sie sich die genaue Reihenfolge. Auf Ihr Kommando erinnern die Kinder die Orte oder Gegenstände und laufen diese in der richtigen Reihenfolge ab. Sie gehen z. B. zum Fensterbrett, machen dort kurz halt und sagen: „Nummer 1: Das ist das Fensterbrett.“ Die Kinder können nun ihre Belohnungen einsammeln. Anschließend gehen sie zu den weiteren Stationen und verfahren dort genauso.
Teilen Sie die Kleingruppe in zwei Teams auf (mindestens eine Person pro Team). Jedes Team denkt sich eine Route für das andere Team aus, die ca. vier bis sechs Stationen haben sollte. Notieren Sie die einzelnen Routen und verteilen Sie Belohnungen an den einzelnen Stationen. Lesen Sie dem ersten Team die Route, die das zweite Team vorgeschlagen hat, vor. Das erste Team spielt gemeinsam, sucht die Orte auf und sammelt die Belohnungen ein. Geben Sie anschließend ein Feedback, ob alles richtig war, oder weisen Sie bereits während der Suche auf Fehler hin.
Anschließend läuft das zweite Team die Stationen ab, die das erste Team sich ausgedacht hat.

Variante

Einfacher ist es, wenn nur Sie die Routen aussuchen.
Gehen zuerst Sie die Route ab, danach das Kind. So ist es für das Kind einfacher, sich die Route einzuprägen.

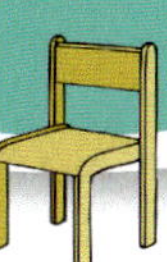

39. Puppenstube auf Papier

Ziel des Spiels

Die Kinder festigen den Wortschatz zum Thema „Wohnen", orientieren sich in den Kita-Räumen und der eigenen Wohnung. Sie sprechen einfache Sätze, z. B.: „In der Küche steht ein Kühlschrank."

Dauer
15–20 Minuten

Alter
ab 5 Jahren

Gruppengröße
ab 2 Personen

Material
- ✔ 1 auf Karton geklebtes DIN-A2-Blatt
- ✔ 1 Würfel
- ✔ Möbelhausprospekte

Vorbereitung

Zeichnen Sie auf das DIN-A2-Blatt (Spielplan) ein offenes Haus aus seitlicher Perspektive (wie ein Puppenhaus), bestehend aus: Wohnzimmer, Kinderzimmer, Esszimmer, Küche, Bad, Flur. Versehen Sie jedes Zimmer mit einer Nummer (z. B. Würfelaugen).

So geht's

Legen Sie den Spielplan vor sich hin und die übrigen Materialien daneben. Erklären Sie den Kindern, welche Räume welchen Zimmern entsprechen (z. B. Raum Nr. 1 = Flur, Raum Nr. 2 = Wohnzimmer).
Würfeln Sie. Die gewürfelte Augenzahl zeigt Ihnen, welchen Raum Sie einrichten müssen. Suchen Sie im Möbelhausprospekt einen passenden Gegenstand, schneiden Sie diesen aus und legen Sie ihn in den zugehörigen Raum. Sprechen Sie dazu, z. B.: „Ich habe eine Drei gewürfelt. Das ist das Schlafzimmer. Ins Schlafzimmer gehört ein großes Bett."
Anschließend ist ein Kind dran. Es würfelt und sucht einen passenden Einrichtungsgegenstand.
Beenden Sie das Spiel, wenn sich keine Einrichtungsgegenstände mehr finden lassen, die Lust nachlässt oder das Haus „komplett eingerichtet" ist.

Variante

Die Kinder arbeiten paarweise. Sie würfeln und dürfen entsprechend der Augenzahl passende Einrichtungsgegenstände verteilen, also einen bei einer Eins und sechs Gegenstände bei einer Sechs.

Tipp

Spielen Sie das Spiel beim ersten Mal wie beschrieben. Laminieren Sie anschließend die einzelnen Einrichtungsgegenstände. Beim nächsten Mal benötigen Sie keine Möbelhausprospekte mehr, sondern können auf die laminierten Einrichtungsgegenstände zurückgreifen.

40. Küchen-Kim-Spiel

Ziel des Spiels

Die Kinder festigen den Wortschatz zum Thema „Küchenutensilien".

Vorbereitung

Halten Sie die Materialien bereit.

So geht's

Wählen Sie fünf Gegenstände aus und legen Sie diese nebeneinander in eine Reihe. Betrachten Sie sie gemeinsam mit den Kindern und sprechen Sie darüber. Bitten Sie ein Kind, sich umzudrehen. Nehmen Sie einen Gegenstand weg und legen Sie diesen hinter sich. Bitten Sie das Kind nun, sich wieder nach vorn zu drehen, und fragen Sie es: „Was fehlt hier?" Das Kind antwortet: „Der Teller fehlt." Legen Sie den Teller wieder an seinen Platz. Nun drehen Sie sich weg und das Kind legt einen Gegenstand hinter sich. Tauschen Sie nach ein paar Runden einzelne oder alle Gegenstände gegen andere aus.

Dauer
5–10 Minuten

Alter
ab 4 Jahren

Gruppengröße
ab 2 Personen

Material
- ✔ verschiedene Gegenstände aus der Küche, z. B. Gabel, Messer, Löffel, Teller, Tasse, Quirl, Untersetzer usw.

Variante 1

Ordnen Sie die Gegenstände in mehreren Reihen an (z. B. vier Reihen mit jeweils drei Gegenständen). Nehmen Sie keinen Gegenstand weg, sondern tauschen Sie Gegenstände miteinander. Und fragen Sie: „Welche Gegenstände wurden vertauscht?"

Variante 2

Sortieren Sie Gegenstände, die zusammengehören, z. B. Teller + Löffel + Messer, Tasse + Untertasse, Löffel + Schälchen.
Sie können auch verschiedene Trinkgefäße (Becher, Tasse, Glas) und Besteck (Messer, Gabel, Teelöffel, Esslöffel) bereitlegen und mit den Kindern die jeweiligen Bezeichnungen intensiver üben.

41. Wetter-Spiel

Ziel des Spiels

Die Kinder festigen den Wortschatz zum Thema „Wetter" und sprechen einfache Sätze, z. B.: „Es regnet.", „Die Sonne scheint."

Vorbereitung

Drucken Sie die Vorlage auf dickes Tonpapier oder laminieren Sie sie. Schneiden Sie die Karten aus, mischen und stapeln Sie diese.

Dauer
5–10 Minuten

Alter
ab 4 Jahren

Gruppengröße
2 Personen bis Kleingruppe

Material
- ✔ Karten von der Vorlage „Wetter-Spiel" *(Downloadbereich, s. Anleitung S. 6)*

So geht's

Zeigen Sie den Kindern die Karten und erklären Sie die Regeln. Es müssen vier Wettersymbole gesammelt werden (Sonne, Wolken, Regen, Schnee), die Gewitter-Karte unterbricht das Spiel. Ziehen Sie die erste Karte. Ist dies keine Gewitter-Karte, legen Sie die Karte vor sich auf den Tisch und formulieren Sie einen passenden Satz, z. B.: „Die Sonne scheint." Nun müssen Sie entscheiden, ob Sie aufhören oder weiterspielen. Hören Sie auf, bleibt die Karte liegen und das erste Kind ist dran. Machen Sie weiter, nehmen Sie erneut eine Karte. Ist dies wiederum keine Gewitter-Karte, legen Sie sie neben die erste Karte (oder, wenn beide Karten dasselbe Symbol haben, auf die erste Karte) und sprechen dazu. Dies geht so lange, bis Sie aufhören oder eine Gewitter-Karte ziehen. Bei einer Gewitter-Karte müssen Sie alle bereits gesammelten Karten (auch die aus den Vorrunden) abgeben. Diese werden gemischt unter den Kartenstapel gelegt. Ziel ist es, alle vier Karten zu sammeln, bevor eine Gewitter-Karte gezogen wird.

Variante

Spielen Sie mit den Kindern gemeinsam und versuchen Sie zusammen, die Reihe der vier Karten voll zu bekommen, bevor eine Gewitter-Karte kommt. Dies geht schneller als beim Original-Spiel: Kommt dort eine Gewitter-Karte, muss der*die Spielende alle Karten abgeben und neu beginnen, während die anderen ihre Karten noch haben.

42. Wettermassage

Ziel des Spiels
Die Kinder festigen ihren Wortschatz zum Thema „Wetter".

Vorbereitung
keine

So geht's
Üben Sie mit den Kindern folgende Bewegungen zu diesen Wetterphänomenen ein:

- Sonnenschein: mit beiden Händen langsam und intensiv vom Knie bis zum oberen Ende des Oberschenkels streichen
- Regenwolken: in Kreisen über die Oberschenkel streichen
- leichter Regen: mit den Fingerkuppen punktuell auf die Oberschenkel tippen
- starker Regen: mit den Fingern auf die Oberschenkel trommeln (ähnlich dem Klavierspielen)
- Hagel: mit den Fäusten auf die Oberschenkel klopfen
- Blitz: mit den Zeigefingern ein Blitzzeichen auf den Oberschenkel zeichnen
- Donner: mit der flachen Hand einmal auf die Oberschenkel klatschen und dazu „Bumm!" rufen

Dauer
ca. 5 Minuten

Alter
ab 5 Jahren

Gruppengröße
6–8 Personen

Material
keines

Erzählen Sie eine Geschichte vom Wetter und führen Sie dabei gleichzeitig die eingeübten Bewegungen durch. Die Kinder machen mit.
Zunächst ist es sonnig, dann kommen Wolken auf und der Regen beginnt (erst leichter Regen, dann starker Regen). Es kommt zu Hagel und anschließend zu Gewitter. Danach beruhigt sich das Wetter wieder und die Wetterphänomene werden in umgekehrter Reihenfolge aufgeführt: Gewitter – Hagel – starker Regen – leichter Regen – Wolken – Sonne.
Wenn Sie möchten, können Sie auch noch einen Regenbogen einbauen. Dabei wird in Regenbogenform über beide Oberschenkel gestrichen und „Oooh!" gesagt.

Variante
Führen Sie die Wettermassage als Partnermassage durch. Alternativ setzen sich alle eng in einem Kreis hintereinander, sodass jede*r ein Vorder- und ein Hinterkind hat. Man massiert das Vorderkind, während man selbst vom Hinterkind eine Massage erhält.
Wichtig ist, dass das Kind, das massiert wird, Bescheid gibt, wenn etwas unangenehm ist oder die Massage gestoppt werden soll!

43. „Sonne, Mond und Sterne"-Memo

Ziel des Spiels
Die Kinder festigen den Wortschatz zum Thema „Natur" und kennen den Unterschied zwischen Tag und Nacht.

Vorbereitung
Drucken Sie die Memo-Karten 2-mal auf dickes Tonpapier oder laminieren Sie die Kopie. Schneiden Sie die Karten aus.

So geht's
Legen Sie alle Karten verdeckt auf den Tisch. Drehen Sie eine Karte um und beschreiben Sie, was Sie auf der Karte sehen, z. B.: „Es ist Tag und bewölkt." Drehen Sie eine zweite Karte um und beschreiben Sie auch diese. Passen beide zusammen, haben Sie ein Paar gefunden. Passen Sie nicht zusammen, drehen Sie beide Karten wieder um. Da es so wenige Karten sind, darf die Person, die ein Paar gefunden hat, nicht weiterspielen. Nun ist der*die nächste Spieler*in dran.
Das Spiel ist zu Ende, wenn alle Kartenpaare gefunden wurden.

Dauer
5–10 Minuten

Alter
ab 5 Jahren

Gruppengröße
2 Personen bis Kleingruppe

Material
✔ Memo-Karten von der Vorlage *(Downloadbereich, s. Anleitung S. 6)*

Variante 1
Sortieren Sie die Karten, sodass zwei Stapel mit identischen Karten entstehen.
Verteilen Sie die Karten des einen Stapels gleichmäßig an alle Mitspielenden.
Diese legen die Karten vor sich auf dem Tisch aus.
Verteilen Sie die Karten des anderen Stapels verdeckt auf dem Tisch.
Nacheinander werden die einzelnen Karten gezogen, die Abbildung benannt und anschließend die Karte der Person gereicht, die das Gegenstück vor sich liegen hat.
Das Spiel ist zu Ende, wenn alle Karten verteilt wurden.

Variante 2
Kopieren Sie einen dritten Kartensatz.
Verteilen Sie die ersten beiden Kartensätze gleichmäßig unter allen Spielenden.
Niemand darf eine Karte doppelt haben. Die Spielenden nehmen die Karten auf die Hand, sodass sie niemand sieht. Sie als Spielleitung nehmen den dritten Kartensatz zur Hand. Zeigen Sie die erste Karte (oder beschreiben Sie sie). Die beiden Kinder, die diese Karte haben, rufen schnell „Ich!". Wer zuerst gerufen hat, bekommt alle drei Karten und legt diese zur Seite.

44. Tast-Memo

Ziel des Spiels

Die Kinder erweitern ihren Wortschatz zur Natur und schulen ihren Tastsinn.

Vorbereitung

Halten Sie die Materialien bereit. Verteilen Sie die Gegenstände so, dass in beiden Stoffbeuteln die gleichen Gegenstände jeweils einmal vorkommen.

Dauer
10–15 Minuten

Alter
ab 4 Jahren

Gruppengröße
Klein- oder Großgruppe

Material
- ✔ 2 Stoffbeutel
- ✔ ca. 10–20 Gegenstände aus der Natur in doppelter Anzahl, z. B. Eicheln, Kastanien, Bucheckern, Steine, kleine Stöcke, etwas Baumrinde, Ahornsamen

So geht's

Greifen Sie in einen Stoffbeutel. Holen Sie einen Gegenstand heraus und legen Sie ihn vor sich hin. Sprechen Sie dazu: „Das ist eine Kastanie. Sie ist braun und hat eine glatte Oberfläche." Greifen Sie nun in den anderen Stoffbeutel und holen auch dort einen Gegenstand heraus, den Sie zeigen. Sprechen Sie dazu: „Das ist auch eine Kastanie. Beide passen zusammen." Oder: „Das ist keine Kastanie. Das ist ein Stein. Ich habe kein Paar gefunden."
Wenn Sie ein Paar gefunden haben, bleiben beide Gegenstände vor Ihnen liegen. Wenn Sie kein Paar gefunden haben, wandern beide Gegenstände zurück in die Stoffbeutel. Anschließend sind die Kinder an der Reihe.

Variante

Alternativ zu den Stoffbeuteln können Sie auch die Innenschachteln von Streichholzschachteln nehmen und jeweils in zwei Innenschachteln zwei gleiche Gegenstände kleben. Diese müssen allerdings klein genug sein.
Nun werden alle Innenschachteln wie Memokarten auf den Tisch gelegt. Die Schachteln werden nicht umgedreht, sondern der*die Spielende nimmt die Innenschachtel in die Hand und fühlt, was sich darunter verbirgt. Wenn er*sie meint, ein Paar zu haben, dreht er*sie beide Innenschachteln um.

45. Tiere verstecken

Ziel des Spiels

Die Kinder festigen den Wortschatz zum Thema „Tiere", lernen Präpositionen kennen, können diese richtig gebrauchen und sprechen einfache Frage- und Antwortsätze, z. B.: „Wo ist der Dino?" – „Der Dino sitzt im Regal."

Dauer
10–15 Minuten

Alter
ab 4 Jahren

Gruppengröße
ab 2 Personen

Material
- ✔ ca. 5 verschiedene Holz-, Plastik- oder kleine Kuscheltiere

Vorbereitung

Halten Sie die Materialien bereit.

So geht's

Zeigen Sie den Kindern die Tiere und besprechen Sie, wie diese heißen. Je nach Zeit können Sie auch länger über die Tiere sprechen (wo sie leben, was sie fressen …).

Bitten Sie die Kinder, die Augen zu schließen oder kurz den Raum zu verlassen. Verteilen Sie in dieser Zeit die Tiere so im Raum, dass sie zwar versteckt sind, aber noch gut entdeckt werden können. Bitten Sie die Kinder, die Augen zu öffnen bzw. wieder in den Raum zu kommen.

Geben Sie den Kindern einen Moment Zeit, um sich im Raum umzusehen. Fragen Sie dann nacheinander nach dem Standort der Tiere, z. B.: „Wo ist der Dino?" Ein Kind geht zum Standort des Tieres und antwortet: „Der Dino sitzt im Regal." Es bringt das Tier zu Ihnen zurück.

Variante

Verteilen Sie alle Tiere im Raum. Fragen Sie ein Kind: „Du willst den Dino, das Reh und den Hund besuchen. Wohin gehst du?"

Das Kind antwortet: „Ich gehe zum Hund auf dem Fensterbrett, zum Dino neben dem Mülleimer und zum Reh auf dem Waschbecken."

46. Das Tiersprachen-Spiel

Ziel des Spiels

Die Kinder sichern den Wortschatz zum Thema „Tiere“, verstehen und sprechen einfache Sätze, z. B.: „Was sagt das Schwein?“ – „Das Schwein sagt ‚oink, oink‘.“

Vorbereitung

Drucken Sie die Vorlage auf dickes Tonpapier oder laminieren Sie die Kopie. Schneiden Sie die Karten aus.

Dauer
10–15 Minuten

Alter
ab 4 Jahren

Gruppengröße
ab 2 Personen

Material
✔ Vorlage „Das Tiersprachen-Spiel“ *(Downloadbereich, s. Anleitung S. 6)*

So geht's

Legen Sie die Karten verdeckt auf einen Stapel. Ziehen Sie die erste Karte (z. B. die Karte mit dem Schwein), legen Sie diese offen auf den Tisch und fragen Sie ein Kind: „Was sagt das Schwein?“ Das Kind antwortet: „Das Schwein sagt ‚oink, oink‘.“ Geben Sie dem Kind die Karte.
Nun zieht das Kind die nächste Karte, legt sie offen auf den Tisch und fragt das nächste Kind: „Was sagt …?“ Das Kind antwortet und erhält die Karte.
Wenn alle Karten gespielt wurden, bietet sich ein Gespräch über die Tiere an. Jedes Kind legt seine Karten in eine Reihe und sagt, welche Tiere es mag/nicht mag/besonders mag.

Variante

Wenn die Kinder den Wortschatz schon besser beherrschen, können Sie alle Karten offen auf dem Tisch auslegen. Fragen Sie dann ein Kind: „Welches Tier sagt ‚oink, oink‘?“ Das Kind antwortet: „Das Schwein sagt ‚oink, oink‘.“ Und zeigt auf das Schwein.
Spielen Sie mit zwei oder mehreren Kindern, bekommt das Kind, das als erstes auf die Karte mit dem Schwein zeigt, die Karte.
Sie können auch im Vorfeld die Tierlaute aufnehmen und abspielen. Dann können die Kinder die Tiere anhand der Geräusche erraten.
Spannender wird es, wenn Sie alle Karten verdeckt auf den Tisch legen und fragen: „Welches Tier sagt ‚oink, oink‘ und wo ist es?“. Ein Kind antwortet: „Das Schwein sagt ‚oink, oink‘.“ Und deckt eine Karte auf. Ist auf dieser Karte das Schwein abgebildet, darf das Kind die Karte behalten.

47. Tiere vergleichen

Ziel des Spiels

Die Kinder legen zu einem bestimmten Merkmal eine Reihenfolge fest. Sie können die Steigerungsformen ausgewählter Adjektive (z. B. groß, klein, gefährlich) richtig im Satz verwenden.

Dauer
5–10 Minuten

Alter
ab 5 Jahren

Gruppengröße
2 Personen bis Kleingruppe

Material
✔ ca. 5 verschiedene Stoff- oder Plastiktiere in unterschiedlicher Größe

Vorbereitung

Halten Sie die Materialien bereit.

So geht's

Stellen Sie die Tiere vor sich hin. Besprechen Sie mit den Kindern, wie die Tiere heißen.
Bitten Sie ein Kind, die Tiere nach bestimmten Kriterien zu ordnen und in einer Reihe nebeneinander aufzustellen:

- Größe (groß – größer – am größten; klein – kleiner – am kleinsten)
- Gefährlichkeit (gefährlich – gefährlicher – am gefährlichsten)
- eigene Rangliste (mag ich – mag ich lieber – mag ich am liebsten)
- Fressmenge (frisst viel – frisst mehr – frisst am meisten)

Variante

Spielerischer wird es, wenn Sie ein Wettspiel machen.
Nehmen Sie ein Tier in die Hand und sagen Sie: „Der Hund ist groß. Findet ihr ein Tier, das größer ist?" Ein Kind nimmt z. B. die Giraffe und sagt: „Dein Hund ist groß, aber meine Giraffe ist größer."
Nun wählt das Kind ein Tier und ein passendes Adjektiv und fragt das nächste Kind.
Bei Kindern mit geringen Deutschkenntnissen bietet es sich an, zunächst zwei Tiere zu vergleichen: „Ist der Hund größer oder die Maus?"
Sie können auch sortieren lassen nach „gefährlich" und „ungefährlich", „groß" und klein", „niedlich" und „nicht niedlich", „Wildtier" und „Haustier", „Pflanzenfresser" und „Fleischfresser".

Tipp

Überlegen Sie im Vorfeld und besprechen Sie mit den Kindern, ob Sie die Größenverhältnisse der lebendigen Tiere oder die der Stofftiere meinen.

48. Gefühle-Domino

Ziel des Spiels

Die Kinder festigen den Wortschatz zum Thema „Gefühle" und bilden einfache Sätze, z. B.: „Ich bin traurig."

Vorbereitung

Drucken Sie die Vorlage „Gefühle-Domino" 2-mal auf dickes Tonpapier oder laminieren Sie die Kopie. Schneiden Sie die Karten aus.

So geht's

Verteilen Sie alle Karten an die Spielenden. Legen Sie eine Karte auf den Tisch und formulieren Sie zwei zur Karte passende Sätze, z. B. „Ich bin traurig. Ich bin müde."

Das erste Kind legt eine Karte an. Diese muss dasselbe Bild zeigen wie eines der Bilder auf Ihrer Karte. Die Karte wird so angelegt, dass die beiden identischen Bilder aneinandergrenzen. Dabei spielt es keine Rolle, ob die Bilder evtl. auf dem Kopf stehen. Das Kind formuliert die passenden Sätze.

Das Spiel ist zu Ende, wenn ein*e Spieler*in alle Karten abgelegt hat oder wenn die Spielenden ihre Karten nicht mehr anlegen können.

Dauer
5–10 Minuten

Alter
ab 5 Jahren

Gruppengröße
ab 2 Personen

Material
- ✔ Dominokarten von der Vorlage „Gefühle-Domino" *(Downloadbereich, s. Anleitung S. 6)*

Variante

Verteilen Sie nicht alle Karten auf einmal, sondern pro Kind nur sechs Karten. Die übrigen Karten werden gestapelt. Kann ein Kind nicht anlegen, zieht es eine Karte vom Stapel.

49. Gefühle-Pantomime

Ziel des Spiels

Die Kinder festigen den Wortschatz zum Thema „Gefühle" und stellen einfache Fragen, z. B.: „Bist du traurig?"

Dauer
5–10 Minuten

Alter
ab 5 Jahren

Gruppengröße
2 Personen bis Kleingruppe

Material
✔ Dominokarten von der Vorlage „Gefühle-Domino" *(Downloadbereich,* *s. Anleitung S. 6)*

Vorbereitung

Drucken Sie die Vorlage auf festes Tonpapier oder laminieren Sie die Kopie. Schneiden Sie die Karten nicht als Dominokarten (Doppelkarte mit zwei Bildern), sondern als Einzelkarten (nur ein Bild pro Karte) aus.

So geht's

Legen Sie die Karten auf einen Stapel.
Ziehen Sie die oberste Karte, ohne dass die Kinder das Bild sehen können.
Stellen Sie mit Mimik und Gestik das abgebildete Gefühl dar. Ein Kind fragt Sie: „Bist du durstig?"/„Bist du traurig?" etc. Hat das Kind das passende Gefühl erraten, zeigen Sie ihm die Karte und legen diese anschließend zur Seite. Nun zieht das Kind eine Karte vom Stapel.
Das Spiel ist zu Ende, wenn alle Karten gespielt wurden.
Legen Sie für jedes Gefühl eine Karte an den Rand des Tisches, sodass ein schwächeres Kind „abgucken" kann.

Variante

Beschreiben Sie eine Situation, in der das Gefühl auftritt, z. B.: „Wenn ich schon lange nichts mehr getrunken habe, dann bin ich …?" Die Kinder ergänzen: „Durstig." Oder fragen: „Bist du durstig?" Zeigen Sie die Karte oder erklären Sie so lange, bis die Kinder das Gefühl erraten haben.

50. Gefühle weitergeben

Ziel des Spiels
Die Kinder festigen den Wortschatz zum Thema „Gefühle".

Vorbereitung
keine

Dauer
10–15 Minuten

Alter
ab 4 Jahren

Gruppengröße
6–8 Personen bis Großgruppe

Material
keines

So geht's
Setzen Sie sich mit den Kindern in einen Stuhlkreis. Benennen Sie ein Gefühl und drücken Sie dieses auch durch Mimik, Gestik und Stimmeinsatz aus, z. B.: „Ich bin glücklich." Sagen Sie dies mit lauter, triumphierender Stimme, lächeln Sie dabei und zeigen Sie evtl. eine Siegerfaust oder heben Sie beide Arme zum Jubeln nach oben.
Erklären Sie den Kindern den Ablauf des Spiels. Sie geben ein Gefühl weiter, indem Sie sich zu Ihrem linken Nachbarkind drehen und das Gefühl, wie oben dargestellt, vormachen. Das linke Nachbarkind dreht sich wiederum zu seinem linken Nachbarkind und gibt das Gefühl weiter. Die erste Runde ist geschafft, wenn das Gefühl wieder bei Ihnen angelangt ist. Verfahren Sie so auch mit anderen Gefühlen, z. B. traurig, böse, enttäuscht, müde usw.
Wenn das Prinzip verstanden ist und schon einige Runden gespielt wurden, können Sie durch folgende Varianten mehr Schwung reinbringen:

- Geben Sie innerhalb kurzer Zeit mehrere Gefühle nacheinander weiter.
- Geben Sie ein Gefühl nach links, ein Gefühl nach rechts weiter.
- Rufen Sie zwischendrin laut „Stopp!" und fragen Sie nach, welches Gefühl sich momentan wo befindet.

Variante
Sie können zur bildlichen Unterstützung auch Gefühlskarten des Spiels „Gefühle-Domino" verwenden.

51. Menschen-Memo Gefühle

Ziel des Spiels
Die Kinder lernen, Gefühle durch Mimik und Gestik auszudrücken.

Vorbereitung
keine

Dauer
5–10 Minuten

Alter
ab 5 Jahren

Gruppengröße
12 Personen bis Großgruppe

Material
keines

So geht's
Schicken Sie zwei Kinder aus dem Raum. Dies sind die Spielerkinder.
Die übrigen Kinder finden sich zu Paaren zusammen. Jedes Paar überlegt sich, welches Gefühl es darstellen möchte. Die Kinder benennen das Gefühl und untermalen es mit Mimik und Gestik, z. B.: „Ich bin fröhlich." – dazu ein lächelndes Gesicht und hochgeworfene Arme. Es ist wichtig, dass beide Kinder dieselben Gesten und denselben Gesichtsausdruck einsetzen.
Lassen Sie sich von den Paaren einmal zeigen, wofür sie sich entschieden haben. Achten Sie darauf, dass nicht zwei Paare dasselbe Gefühl darstellen.
Anschließend verteilen sich die Kinder so im Sitzkreis, dass kein Paar zusammensitzt. Holen Sie die Spielerkinder wieder in den Raum.
Wie beim bekannten Memo-Spiel ruft das erste Spielerkind jeweils zwei Kinder auf, die aufstehen, ihren Satz sagen und diesen mit Mimik und Gestik untermalen. Bilden diese Kinder ein Paar, bekommt das Spielerkind einen Punkt und darf weiterspielen. Bilden die Kinder kein Paar, ist das andere Spielerkind dran.
Um sich zu merken, welche Kinder bereits als Paare identifiziert wurden, kann es helfen, wenn zunächst alle Kinder auf Stühlen sitzen und die gefundenen Paare sich dann auf den Boden setzen. Oder Sie nehmen eine räumliche Unterscheidung vor: Zunächst sitzen alle Kinder links, wer als Paar identifiziert wurde, sitzt dann rechts.

Variante 1
Die Kinder erklären in einem Satz, warum sie dieses Gefühl darstellen, z. B.: „Ich bin fröhlich, weil meine Freundin heute zum Spielen kommt."

Variante 2
Die Kinder lassen die Geste weg. Diese ist nicht bei allen Gefühlen eindeutig zu finden.

52. Auto bekleben

Ziel des Spiels

Die Kinder festigen den Wortschatz zum Thema „Auto" und bilden einfache Sätze, z. B. „Das ist ein Scheibenwischer. Den braucht man, um den Regen wegzuwischen."

Vorbereitung

Halten Sie die Klebepunkte bereit.

So geht's

Stellen Sie das Spielzeugauto für alle gut sichtbar auf. Nennen Sie ein Teil des Autos und fordern Sie ein Kind auf, auf das Teil einen Klebepunkt zu kleben und zu erklären, wozu dieses Teil gebraucht wird, z. B.: „Wo ist der Scheibenwischer? Wenn du ihn siehst, klebe einen Punkt auf. Kannst du mir auch sagen, wozu man den Scheibenwischer braucht?"
Gehen Sie so mit den wichtigsten Teilen des Autos vor (Scheibenwischer, Scheinwerfer, Fensterscheibe, Türschloss, Nummernschild, Licht ...). Entscheiden Sie dabei selbst, ob Sie auch die Teile im Innenraum ansehen möchten oder sich auf die äußeren Teile beschränken.
Wenn alle Punkte verklebt sind oder es keine wichtigen Teile mehr gibt, werden die Punkte wieder eingesammelt. Benennen Sie dazu ein Autoteil, auf dem ein Punkt klebt, und fordern Sie die Kinder auf, den Punkt abzumachen, z. B.: „Wo ist der Scheibenwischer? Gib mir bitte den Punkt, den du auf den Scheibenwischer geklebt hast."

Dauer
5–10 Minuten

Alter
ab 5 Jahren

Gruppengröße
Kleingruppe bis 4 Personen

Material
- ✔ ca. 10–15 Klebepunkte
- ✔ 1 großes Spielzeugauto

Variante

Alternativ können Sie das Spiel auch mit einem Fahrrad spielen. Wenn Sie kein Spielzeugfahrrad oder Kinderfahrräder in der Kita haben, wäre es sinnvoll, ein Erwachsenenfahrrad mitzubringen.
Neben dem Fahrrad selbst können dann auch der Helm und der Fahrradkorb sowie weiteres Zubehör benannt werden.

53. Verkehrsmittel-Chaos-Spiel

Ziel des Spiels

Die Kinder festigen den Wortschatz zum Thema „Fortbewegung".

Vorbereitung

keine

So geht's

Das Spiel funktioniert ähnlich wie das bekannte „Obstsalat"-Spiel.
Suchen Sie mit den Kindern nach Geräuschen und evtl. Bewegungen, die mit Fortbewegungsmitteln in Verbindung gebracht werden können, z. B.:

- **Zug:** „pfpfpf", abgewinkelte Arme langsam gegengleich nach vorn und hinten
- **Auto:** „rrrhhh", die Hände umgreifen ein imaginäres Lenkrad
- **Schiff:** „tuut" (Schiffshupe), Schwimmbewegungen
- **Fahrrad:** „klingeling", kreisende Armbewegungen für die zwei Räder
- **Pferd:** „hüüh", galoppierende Geste
- **Skateboard/Roller:** „zzzztttt", mit dem Arm eine schnelle, fließende Bewegung zur Seite andeuten

Üben Sie die Bewegungen und Geräusche ein.
Bilden Sie mit den Kindern einen Stuhlkreis, wobei ein Stuhl übrig bleibt. Sie stehen außerhalb des Kreises. Sagen Sie jedem Kind, welches Verkehrsmittel es darstellen soll. Es müssen mehrere Kinder das gleiche Verkehrsmittel darstellen.
Ein Kind, das keinen Sitzplatz hat, steht im Kreis. Sie fragen das Kind in der Mitte: „Womit soll ich kommen?" Das Kind wählt ein Verkehrsmittel und antwortet z. B.: „Du sollst mit dem Zug kommen."
Alle Kinder, die den Zug darstellen sollen, wechseln mit Geräusch und Bewegung den Platz. Das Kind in der Mitte nimmt einen freien Platz ein, sodass nun ein anderes Kind übrig bleibt und Sie erneut befragt.
Rufen Sie ab und zu „Verkehrschaos!", so müssen alle Kinder aufstehen und sich einen anderen Platz suchen.

Variante

Zur Veranschaulichung können Sie kleine Bildkärtchen in mehrfacher Ausführung anfertigen, die die Verkehrsmittel zeigen. So können die Kinder eine Wort-Bild-Verknüpfung herstellen.

Dauer
10–15 Minuten

Alter
ab 5 Jahren

Gruppengröße
Großgruppe

Material
keines

54. Zebrastreifen und Ampel – Spielvariante für Würfelspiele

Ziel des Spiels

Die Kinder kennen die Bedeutung des Zebrastreifens und der Fußgängerampel. Sie sprechen einfache Sätze, z. B.: „Wenn die Ampel grün ist, darf ich gehen.", „Wenn die Ampel rot ist, bleibe ich stehen.", „Über den Zebrastreifen kann ich sicher gehen."

Dauer
10–15 Minuten

Alter
ab 5 Jahren

Gruppengröße
2 Personen bis Kleingruppe

Material
- ✔ 1 DIN-A4-Blatt
- ✔ 1 Würfelspiel, das die Kinder kennen (z. B. „Mensch, ärgere dich nicht" oder „Leiterspiel")

Vorbereitung

Zeichnen Sie auf das DIN-A4-Blatt untereinander eine Fußgängerampel, die auf Rot steht, eine Fußgängerampel, die auf Grün steht, und einen Zebrastreifen.

Zeichnen Sie neben die rote Ampel einen Würfel mit einem Würfelauge, neben die grüne Ampel einen Würfel mit drei Würfelaugen und neben den Zebrastreifen einen Würfel mit fünf Würfelaugen.

So geht's

Legen Sie den Spielplan neben das Würfelspiel. Spielen Sie das Würfelspiel wie gewohnt, jedoch mit folgenden Zusatzregeln:

- Wird eine Eins gewürfelt, muss der*die Spieler*in stehen bleiben und sagt: „Wenn die Ampel rot ist, bleibe ich stehen."
- Wird eine Drei gewürfelt, darf der*die Spieler*in nach dem Spielzug noch einmal würfeln und sagt: „Wenn die Ampel grün ist, darf ich gehen."
- Wird eine Fünf gewürfelt, darf der*die Spieler*in nach dem Spielzug noch 2-mal würfeln und sagt: „Über den Zebrastreifen kann ich sicher gehen."

Variante

Natürlich können Sie das Spiel auch einfacher spielen, indem Sie nur mit der Ampel oder nur mit dem Zebrastreifen spielen. Die Regeln könnten bei der Ampel dann sein:

- bei einer Eins (= Ampel auf Rot): einmal aussetzen
- bei einer Sechs (Ampel auf Grün): noch einmal würfeln

55. „Ja, bitte!" – „Nein, danke!"

Ziel des Spiels
Die Kinder festigen die Redewendungen „Ja, bitte!" und „Nein, danke!".

Vorbereitung
Drucken Sie die Kopiervorlage auf dickes Tonpapier oder laminieren Sie die Kopien. Schneiden Sie die Karten aus.

Dauer
5–10 Minuten

Alter
ab 5 Jahren

Gruppengröße
ab 2 Personen

Material
✔ Vorlage „Ja, bitte! – Nein, danke!" *(Downloadbereich, s. Anleitung S. 6)*

So geht's
Legen Sie die Karten verdeckt auf einen Stapel. Ziehen Sie die oberste Karte, zeigen Sie diese einem Kind und stellen Sie eine zum Bild passende Frage: „Möchtest du gerne im Sand vergraben werden?" Das Kind antwortet: „Ja, bitte!" oder „Nein, danke!" Anschließend nimmt das Kind die nächste Karte und stellt dem nächsten Kind eine zum Bild passende Frage.
Das Spiel ist beendet, wenn alle Karten aufgedeckt wurden.

Variante
Spielen Sie das Spiel auch ohne Karten und denken Sie sich mit den Kindern lustige Fragen aus.
Setzen Sie sich dazu auch gerne in den Kreis und nehmen Sie eine Flasche zur Hand, die gedreht wird. Zuerst wird nun die Frage gestellt, dann per Flaschendreh das Antwort gebende Kind ermittelt, das dann seinerseits eine Frage stellen darf.

56. Alle Vögel fliegen hoch – einfache Variante

Ziel des Spiels
Die Kinder verstehen einfache Sätze und können deren Wahrheitsgehalt überprüfen. Sie lernen Ober- und Unterbegriffe kennen und festigen sie.

Vorbereitung
keine

So geht's
Bei dieser vereinfachten Spielvariante des bekannten Spiels „Alle Vögel fliegen hoch" ist die Komplexität reduziert, sodass es für jüngere Kinder leichter zu spielen ist.

Bestimmen Sie eine Gruppe von Dingen, die sich in einem Merkmal gleichen, z. B.:
- Tiere, die fliegen können
- alles, was rot ist
- Spielzeug
- Lebensmittel

Wandeln Sie den Satz „Alle Vögel fliegen hoch" entsprechend ab, z. B.: „Alle Spielsachen fliegen hoch!"

Klopfen Sie mit den Fingern auf den Tisch, während Sie „Alle Spielsachen fliegen" sagen. Bei „hoch" werfen Sie die Arme in die Luft. Fordern Sie die Kinder auf, dies ebenfalls zu tun. Weisen Sie die Kinder aber darauf hin, dass Sie bei allen Sätzen, die Sie sprechen, Ihre Arme hochwerfen werden, während die Kinder dies nur dann tun dürfen, wenn der Gegenstand wirklich zu den Spielsachen gehört. (Bei „Alle Teddys fliegen hoch!" gehen alle Arme hoch, bei „Alle Schreibtische fliegen hoch!" gehen nur Ihre Arme hoch.)

Wenn ein Kind fälschlicherweise seine Arme gehoben hat, scheidet es aus. Eine Runde ist vorbei, wenn nur noch ein Kind übrig ist.

Tauschen Sie die Rollen und lassen Sie auch Kinder einmal Sprecher*in sein.

Dauer
5–10 Minuten

Alter
ab 4 Jahren

Gruppengröße
Klein- oder Großgruppe

Material
keines

Variante
Schwieriger wird es, wenn Sie die Beschreibung der Merkmale, die zu einer Gruppe gehören, erweitern oder noch mehr einschränken, z. B.:
- Spielsachen, mit denen man nur zu zweit/allein/mit vielen Personen spielen kann
- Spielsachen, die man draußen und drinnen benutzen kann (Ball ja, Roller nein)
- Tiere, die schwimmen und fliegen können (Ente ja, Frosch nein)

57. Entschuldigung, es tut mir leid

Ziel des Spiels

Die Kinder verstehen die Redewendung „Entschuldigung, es tut mir leid" und können sie anwenden.

Dauer
10–15 Minuten

Alter
ab 4 Jahren

Gruppengröße
Klein- oder Großgruppe

Material
keines

Vorbereitung

keine

So geht's

Treffen Sie sich mit den Kindern im Außengelände oder in der Turnhalle. Bestimmen Sie ein Fängerkind. (Bei einer großen Gruppe können es auch mehrere Fängerkinder sein).
Alle Kinder rennen durch das Außengelände bzw. die Turnhalle. Wer gefangen wird, bleibt stehen. Sind alle Kinder gefangen, geht das Fängerkind herum, schüttelt jedem gefangenen Kind die Hand und sagt: „Entschuldigung, es tut mir leid." Somit erlöst es alle Kinder und eine neue Runde kann beginnen.

Variante

Um die Situation zu intensivieren, können Kinder, die gefangen wurden, sich traurig auf den Boden setzen (z. B. indem sie den Kopf auf die Hände aufstützen und seufzen). Sie können im Vorfeld mit den Kindern besprechen, wie man durch Mimik und Gestik ausdrückt, dass man traurig ist. Genauso gut könnten die Kinder sich wütend auf den Boden setzen.
Das Fängerkind fragt, bevor es sich entschuldigt: „Bist du traurig?", „Bist du wütend?" Das gefangene Kind sagt: „Ja, ich bin wütend." Oder – falls es ein anderes Gefühl ausdrücken möchte: „Nein, ich bin nicht wütend. Ich bin traurig." Erst dann entschuldigt sich das Fängerkind.

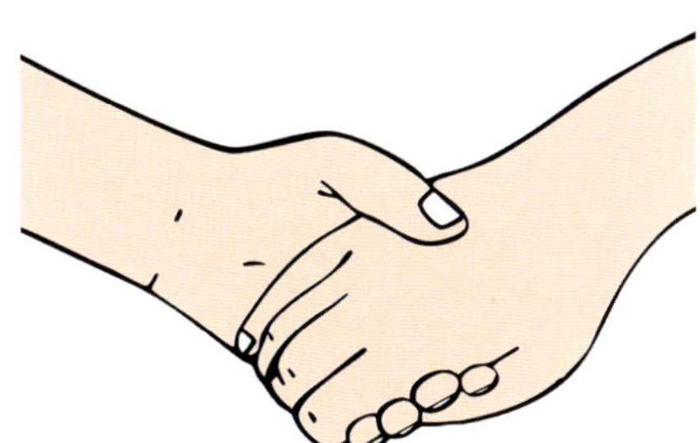

58. Gegenstände raten

Ziel des Spiels
Die Kinder beschreiben Gegenstände und festigen somit den Wortschatz zu vielen Themen, z. B. „Farben“, „Formen“, „Wohnen“, „Spielzeug“ etc. Sie formulieren eigene Sätze.

Dauer
5–10 Minuten

Alter
ab 5 Jahren

Gruppengröße
ab 2 Personen

Material
- ✔ ca. 10 verschiedene Gegenstände, die sich in Farbe, Größe, Aussehen, Einsatzmöglichkeiten etc. unterscheiden

Vorbereitung
Halten Sie die Materialien bereit.

So geht's
Stellen Sie die Gegenstände für alle gut sichtbar auf den Tisch. Besprechen Sie mit den Kindern, wie jeder Gegenstand heißt und wofür er benötigt wird.
Beschreiben Sie einen der Gegenstände möglichst genau: „Mein Gegenstand ist rot und eckig. Er ist hart. Man kann darin Brot aufbewahren.“ Ein Kind errät den Gegenstand und sagt: „Das ist die Brotdose.“
Nun stellt das Kind ein Rätsel und die anderen Spieler*innen raten.

Variante
Packen Sie alle Gegenstände in einen Stoffbeutel. Greifen Sie in den Stoffbeutel und beschreiben Sie den Gegenstand. Die Kinder raten, worum es sich handelt. Es ist wichtig, dass Sie dazusagen, wozu man den Gegenstand gebrauchen kann (in diesem Fall: „Man kann darin Brot aufbewahren.“).
Wenn ein Kind in den Beutel greift und sich nicht sicher ist, welchen Gegenstand es erfühlt hat, darf es sich kurz von allen wegdrehen und den Gegenstand aus dem Beutel nehmen.
Da die Kinder, die bereits den Beutel in der Hand hatten, recht schnell wissen, welche Gegenstände noch im Beutel sind, kann es Sinn machen, zwischendrin den Inhalt einmal komplett zu erneuern oder zumindest einige Gegenstände zu ersetzen.

59. Personen beschreiben – Wer ist es?

Ziel des Spiels

Die Kinder können Personen beschreiben. Sie festigen den Wortschatz zu verschiedenen Themen, z. B. „Kleidung", „Eigenschaften von Personen", „Farben" etc.

Vorbereitung

Halten Sie die Materialien bereit.

So geht's

Legen Sie die Bilder nebeneinander.
Beschreiben Sie eine Person möglichst genau: „Es ist ein Junge. Er hat blonde Haare und blaue Augen. Er trägt eine blaue Jeanshose und einen gelben Pullover. Wer ist es?" Die Kinder betrachten die Bilder und erraten, um welche Person es sich handelt.
Nun stellt ein Kind das nächste Rätsel und alle anderen raten.

Dauer
ca. 5–10 Minuten

Alter
ab 4 Jahren

Gruppengröße
2 Personen bis Kleingruppe

Material
- ✔ mehrere Fotos von Kindern und Erwachsenen aus der Kita oder von fremden Menschen (z. B. auch Bilder aus Zeitschriften oder Postkarten)

Variante

Kopieren Sie ein Bild mit vielen Menschen oder ein Wimmelbild in Schwarz-Weiß. Legen Sie Buntstifte bereit.
Suchen Sie sich eine abgebildete Person aus und beschreiben Sie diese: „Ich sehe einen Jungen, der eine Laterne in der Hand hält. Neben ihm stehen seine Eltern. Seht ihr ihn auch?"
Die Kinder suchen den Jungen.
Nun bestimmen Sie, welche Farbe die Kleidung des Jungen haben soll, und malen sein Bild entsprechend an.
Erklären Sie, was Sie tun: „Ich möchte, dass der Junge schwarze Schuhe, eine blaue Hose und eine rote Wollmütze trägt. Seine Laterne soll gelb sein."
Anschließend ist ein anderes Kind dran.
Das Spiel ist zu Ende, wenn die Kinder keine Lust mehr haben oder alle Personen angemalt sind.

60. Ich kann gut – Du kannst gut

Ziel des Spiels

Die Kinder festigen ihren Wortschatz und sprechen Sätze wie „Ich kann gut schwimmen.“, „Du kannst gut Fußball spielen.“, „Sie kann gut malen.“

Dauer
5–10 Minuten

Alter
ab 4 Jahren

Gruppengröße
3–5 Personen

Material
keines

Vorbereitung

keine

So geht's

Das Spiel funktioniert wie das bekannte Spiel „Ich packe meinen Koffer“.
Beginnen Sie mit einem Satz, der aussagt, was Sie gut können, z. B.: „Ich kann gut schwimmen.“ Das erste Kind sagt: „Ich kann gut … Du kannst gut schwimmen.“ Jedes weitere Kind nennt zunächst sich („ich“), dann seine*n unmittelbare*n Vorgänger*in („du“), danach alle anderen Vorgänger*innen („er“ oder „sie“).
Je nach Gruppengröße können sich mehrere Runden anschließen oder es kann nach einer Runde erneut begonnen werden.

Variante

Wenn Sie zu zweit spielen, werden nur die Sätze „Ich kann gut …“ und „Du kannst gut …“ geübt. Alternativ können Sie auch je ein Foto eines Jungen und eines Mädchens aus der Kita dazulegen, um die Sätze „Er kann gut …“ und „Sie kann gut …“ üben zu können.
Spielen Sie das Spiel auch mit den Tätigkeiten, die Sie und das Kind nicht können, z. B: „Ich kann nicht gut malen.“

61. Bewegungen weitergeben

Dauer
5–10 Minuten

Alter
ab 5 Jahren

Gruppengröße
6–9 Personen

Material
keines

Ziel des Spiels

Die Kinder erweitern und festigen den Wortschatz zum Thema „Bewegungen".

Vorbereitung

keine

So geht's

Stellen Sie sich mit den Kindern in einen Stehkreis. Drehen Sie sich zu Ihrem linken Nachbarkind und nennen Sie eine Bewegung, die Sie gleichzeitig vormachen, z. B.: „Ich klatsche." Das Kind dreht sich wiederum zu seinem linken Nachbarkind und gibt die Bewegung weiter. So geht dies fort, bis die Bewegung wieder bei Ihnen angekommen ist.
Beispiele für passende Bewegungen:
klatschen, schnalzen, stampfen, jubeln, gähnen, erstaunt/böse/gelangweilt/traurig gucken, werfen, fangen, hüpfen usw.
Haben die Kinder das Prinzip verstanden, können Sie in kurzer Abfolge mehrere Bewegungen herumgeben bzw. zwei Bewegungen in beide entgegengesetzte Richtungen laufen lassen.
Rufen Sie zwischendrin „Stopp!" und fragen Sie nach, an welchen Stellen im Kreis sich die Bewegungen momentan befinden.

Variante 1

Geben Sie nur eine Bewegung herum. Die Kinder dürfen nun aber die Richtung wechseln, indem Sie z. B. „zurückklatschen", d. h., sie drehen sich nicht zum linken Nachbarkind weiter, sondern klatschen zum rechten Nachbarkind zurück. Dann geht die Reihe in die andere Richtung weiter, bis ein anderes Kind die Richtung wieder wechselt.
Sagen Sie bei dieser Langzeitrunde ab und zu an, welche andere Bewegung von da an weitergegeben werden soll.

Variante 2

Verben aus dem Wortfeld „sprechen" eignen sich ebenfalls hervorragend für dieses Spiel, z. B. rufen, brüllen, flüstern, flöten, singen, protestieren usw.

62. Putz-Puzzle

Ziel des Spiels

Die Kinder kennen die Bezeichnungen und den Nutzen verschiedener Gegenstände und können einfache Sätze verstehen und formulieren, z. B.: „Was ist das?" – „Das ist ein Lappen." – „Was kann ich mit dem Lappen machen?" – „Ich kann den Tisch abwischen."

Dauer
10–15 Minuten

Alter
ab 4 Jahren

Gruppengröße
2 Personen bis Kleingruppe

Material
- ✔ 10 Bilder von Putzutensilien (s. Vorbereitung)
- ✔ 10 Briefumschläge

Vorbereitung

Suchen Sie im Internet ca. zehn Bilder verschiedener Gegenstände, mit denen man putzen kann, und drucken Sie diese jeweils in DIN-A5-Größe aus (z. B. Lappen, Eimer, Besen, Kehrblech und Kehrschaufel, Spülbürste, Handschuh, Staubsauger, Schwamm, Toilettenreiniger, Spülmittelflasche, Toilettenbürste). Natürlich können Sie auch eigene Fotos machen. Zerschneiden Sie jedes Bild in vier bis sechs Teile und bewahren Sie diese Teile in einem Briefumschlag auf. Nehmen Sie für jedes Bild einen eigenen Briefumschlag.

So geht's

Nehmen Sie den ersten Briefumschlag zur Hand.
Legen Sie ein Puzzleteil vor sich hin und fragen Sie ein Kind: „Was ist das?" Wenn das Kind den Gegenstand noch nicht erkennen kann, legen Sie ein weiteres Puzzleteil hin – so lange, bis das Kind den Gegenstand erkannt hat oder das Bild komplett ist. Besprechen Sie mit dem Kind, wie man den Gegenstand nennt und wofür er gebraucht wird.
Spielen Sie mit mehreren Kindern in einem Sitzkreis, bekommt das Kind, das den Gegenstand errät, Punkte. Jeweils einen Punkt gibt es für die richtige Bezeichnung des Gegenstandes und einen für die richtige Aussage darüber, wofür man den Gegenstand braucht. Notieren Sie die Punkte. Wer am Ende die meisten Punkte hat, hat das Spiel gewonnen.

Variante

Alternativ können Sie den Kindern die Umschläge mit den Puzzleteilen auch gruppenweise austeilen. Jede Gruppe setzt dann zunächst das Bild zusammen. Reihum werden die Bilder angesehen und darüber gesprochen, um welchen Gegenstand es sich handelt und was man damit macht.

63. Fragen und hüpfen

Ziel des Spiels
Die Kinder wenden Präpositionen richtig an.

Vorbereitung
keine

So geht's
Sehen Sie sich im Raum um und fragen Sie nach dem Ort, an dem sich ein bestimmter Gegenstand befindet: „Wo ist der Blumentopf?" Das Kind antwortet: „Der Blumentopf steht auf dem Fensterbrett." Nun hüpft das Kind einmal zum Blumentopf, wiederholt den Satz und hüpft zurück.
Anschließend stellt das Kind dem nächsten Kind eine Frage. Es kann dann zum nächsten Gegenstand hüpfen.
Variieren Sie die Fortbewegungsarten und fordern Sie die Kinder auf, dazu zu sprechen: „Ich hüpfe zum …", „Ich renne zum …", „Ich krieche zur ...".

Dauer
5–10 Minuten

Alter
ab 4 Jahren

Gruppengröße
ab 2 Personen

Material
keines

Variante 1
Bei Kindern mit geringen Deutschkenntnissen können Sie auch Alternativen zur Auswahl geben: „Steht der Blumentopf auf der Fensterbank oder auf dem Tisch?"

Variante 2
Schwieriger wird es, wenn Sie den Kindern mehrere Aufgaben am Stück stellen: „Hüpfe zum Blumentopf, krieche zum Mülleimer und stampfe wie ein Elefant zur Tür." Die Aufgaben können sich dabei an ein spezielles Kind oder an die ganze Gruppe richten. Auch die Kinder können den anderen Kindern Aufgaben stellen.
Wer hüpft, kann seinen Weg im Vorfeld, während des Hüpfens oder im Nachhinein beschreiben.
Sie können dazu fragen: „Was machst du?" oder „Was hast du gemacht?"

64. Gemeinsamkeiten und Unterschiede

Ziel des Spiels
Die Kinder beschreiben und vergleichen Gegenstände.

Vorbereitung
Legen Sie in jeden Stoffbeutel zehn Gegenstände.

So geht's
Greifen Sie in einen Stoffbeutel und nehmen Sie einen Gegenstand heraus. Geben Sie einem Kind den zweiten Stoffbeutel und bitten Sie es, ebenfalls hineinzugreifen und einen Gegenstand herauszunehmen. Legen Sie beide Gegenstände nebeneinander und fragen Sie: „Was ist bei den beiden Gegenständen gleich, was ist unterschiedlich?" Die Kinder sehen sich die Gegenstände an und sagen z. B.: „Beide sind blau, aber das Auto ist größer als die Murmel."
Das Spiel ist zu Ende, wenn alle Gegenstände aus den Stoffbeuteln geholt wurden.

Dauer
10–15 Minuten

Alter
ab 5 Jahren

Gruppengröße
ab 2 Personen

Material
- ✔ ca. 20 verschiedene Gegenstände in unterschiedlichen Farben, Formen und Größen
- ✔ 2 Stoffbeutel

Variante
Versuchen Sie, mit den Kindern „Freundevermitteln" zu spielen. Jeder Gegenstand möchte mindestens eine*n Freund*in haben.
Ziehen Sie zwei Gegenstände und überlegen Sie gemeinsam intensiv mit den Kindern, warum diese beiden Gegenstände zusammenpassen könnten. Finden Sie eine Gemeinsamkeit, bilden die Gegenstände ein Freundespaar und bleiben vor Ihnen liegen. Passen Sie nicht zusammen, wird ein weiterer Gegenstand gezogen und versucht, diesen „unterzubringen".
Das nächste Kind zieht zwei neue Gegenstände. Es kann sie den bestehenden Freundespaaren zuordnen oder ein eigenes Freundespaar bilden.
Alle Gegenstände, die zunächst keine*n Freund*in finden, bleiben in der Mitte liegen und werden am Ende Freundespaaren oder -gruppen zugeordnet, sodass kein Gegenstand allein übrig bleibt.

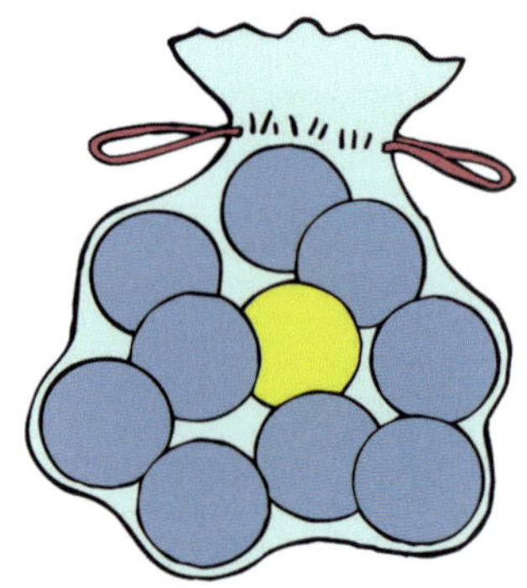

65. Richtig oder falsch?

Ziel des Spiels

Die Kinder sprechen und verstehen die Sätze „Das ist richtig." und „Das ist falsch."

Vorbereitung

Stellen Sie 20 Smiley-Kärtchen in der Größe von Spielkarten her. Malen Sie auf zehn Kärtchen einen lachenden Smiley, auf die anderen einen traurigen. Mischen Sie die Karten anschließend gut durch.

Dauer
5–10 Minuten

Alter
ab 5 Jahren

Gruppengröße
2 Personen bis Kleingruppe

Material
✔ 20 Smiley-Kärtchen (s. Vorbereitung)

So geht's

Verteilen Sie alle Karten gleichmäßig. Jedes Kind legt seinen Stapel vor sich hin.
Ziehen Sie von Ihrem Stapel die oberste Karte. Gucken Sie sich diese so an, dass die Mitspielenden sie nicht sehen. Legen Sie die Karte verdeckt auf den Tisch. Sagen Sie einen Satz, der entweder wahr (bei einem lachenden Smiley) oder offensichtlich gelogen ist (bei einem traurigen Smiley), z. B.: „Heute regnet es."
Ein Kind antwortet mit den Sätzen „Das ist richtig." oder „Das ist falsch.". Es dreht anschließend die Karte um und sieht nach, ob seine Vermutung stimmte. Hat das Kind Recht, erhält es die Karte und legt diese bei sich an die Seite. Hat sich das Kind geirrt, erhalten Sie die Karte und legen diese bei sich an die Seite.
Das Spiel ist zu Ende, wenn alle Karten gespielt wurden. Gewonnen hat die Person, die die meisten Karten gesammelt hat.
Spielen Sie mit mehreren Kindern, wird reihum gespielt.

Variante

Sprachlich anspruchsvoller ist es, wenn die Kinder „Das ist richtig. Du sagst die Wahrheit." und „Das ist falsch. Du lügst." sagen.
Unterstützen Sie das Verständnis durch Gesten wie Nicken und Kopfschütteln.

66. Gegenstände legen

Ziel des Spiels

Die Kinder verstehen Anweisungen und können selbst welche geben, z. B.: „Lege die Schere neben die Gummibärchen." Die Kinder verwenden Präpositionen im Satz korrekt (neben, auf, unter …).

Dauer
5–10 Minuten

Alter
ab 4 Jahren

Gruppengröße
1 Person

Material
- ✔ 2 Unterlagen (z. B. Tischsets, DIN-A2-Pappe, Teller)
- ✔ 20 Gegenstände (je 2 gleiche), z. B. Radiergummi, Bleistift, Anspitzer, 10-Cent-Münze, Taschentuchpackung, Gummibärchenpackung, kleines Buch (z. B. Pixi-Buch), Wäscheklammer, Klebestift, Spielzeugauto o. Ä.

Vorbereitung

Halten Sie die Materialien bereit: Auf jeder Unterlage müssen sich zehn Gegenstände befinden: pro Paar ein Gegenstand.

So geht's

Legen Sie die Unterlagen mit den Gegenständen nebeneinander. Besprechen Sie mit dem Kind, wie die Gegenstände heißen: „Dies ist ein Radiergummi. Zeige mir den Radiergummi auf deiner Unterlage." Das Kind zeigt den Radiergummi.
Setzen Sie sich anschließend so hin, dass Sie beide mit dem Rücken zueinander sitzen und die Unterlagen jeweils vor Ihnen liegen.
Bitten Sie das Kind, alle Gegenstände neben die Unterlage zu legen. Tun Sie dies ebenfalls.
Fordern Sie das Kind auf, drei Gegenstände auf die Unterlage zu legen, und beschreiben Sie auch die Anordnung: „Nimm den Radiergummi und lege ihn in die Mitte der Unterlage. Lege nun das Buch auf die eine Seite und die Wäscheklammer auf die andere Seite des Radiergummis."
Nehmen Sie nun Ihre Unterlage zur Hand und legen Sie diese neben die Unterlage des Kindes. Vergleichen Sie, ob das Kind alles so gemacht hat, wie Sie es gesagt haben.
Nun ist das Kind dran. Setzen Sie sich wieder Rücken an Rücken. Das Kind gibt Ihnen Anweisungen, welche Gegenstände Sie in welcher Anordnung auf die Unterlage legen sollen.

Variante

Je nach Sprachfähigkeiten und Alter des Kindes können die Anweisungen komplexer sein und die Anzahl der Gegenstände erhöht oder verringert werden.

Diese Wörterlisten können Ihnen einen Überblick geben, welcher Grundwortschatz bei den Kindern angebahnt werden sollte.
Die Listen sind als Vorschlag zu betrachten, sie erheben keinen Anspruch auf Vollständigkeit und orientieren sich am Wortmaterial, das in den Spielen dieses Buches vorkommt.

Thema Körper

➾ **Körperteile:** Arm(e), Bein(e), Bauch, Rücken, Hals, Nacken, Finger, Zeh(en), Ohr
➾ **Gesicht:** Mund, Nase, Auge(n), Wange (alternativ: Backe), Wimpern, Augenbrauen, Zahn/Zähne, Lippe(n), Zunge
➾ **Haare:** Zopf, Pony, Haargummi, Spange, Haarband (Pferdeschwanz)

Thema Zahlen

eins, zwei, drei, vier, fünf, sechs, sieben, acht, neun, zehn, elf, zwölf, dreizehn, vierzehn, fünfzehn, sechzehn, siebzehn, achtzehn, neunzehn, zwanzig, hundert

Thema Formen

Viereck, Rechteck, Quadrat, Kreis, Dreieck

Thema Tätigkeiten in der Kita

➾ **drinnen:** singen, vorlesen, malen, basteln, schneiden, kleben, spielen, Bauecke, Bauklötze, Autos, Puppen, Stofftiere, Stifte, Filzstifte, Buntstifte/Holzfarbe, Wachsmalstifte, Wasserfarben/Tuschfarben, Papier, Pinsel, Anspitzer/Spitzer, Radiergummi, Schere, Klebstoff/Kleber/Klebestift, Wasserbecher, Papierkorb
➾ **draußen:** Sandkasten, Fahrzeuge, Ball/Fußball, Seil, Kreide, Baum/Bäume, Zaun, Tor, Schaukel, schaukeln, Verstecken spielen, Fangen spielen, Fußball spielen

Thema Lebensmittel

➾ **Frühstück:** Brot, Butter, Marmelade, Honig, Schokocreme, Wurst, Käse, Kakao, Tee, Milch, Müsli, Cornflakes, Joghurt,
➾ **Mittagessen:** Nudeln, Kartoffeln, Pommes (frites), Reis, Tomate, Erbse, Karotte/Mohrrübe, Salat, Gurke, Senf, Mayonnaise, Ketchup, Burger, Fischstäbchen
➾ **Obst:** Banane, Orange, Mandarine, Kirsche, Traube, Kiwi
➾ **Süßigkeiten:** Kuchen, Kekse, Gummibärchen, Bonbon, Eis, Schokolade, Schokoladenriegel, Müsliriegel, Chips, Pudding
➾ **Getränke:** Wasser, Orangensaft, Apfelsaft, Cola, Limonade, Kaffee, Tee, Milch

Wörterlisten zu den verschiedenen Themenfeldern

Thema Kleidung

Hose, Unterhose, Strümpfe, Strumpfhose, Schuhe, Stiefel, Sandalen, Turnschuhe, Hausschuhe, Badelatschen, Gummistiefel, T-Shirt, Pulli/Pullover, Hemd, Jacke (Winterjacke, Regenjacke, Anorak), Badehose, Badeanzug, Bikini, Mütze, Schal, Handschuhe, Käppi, Matschhose

Thema Spielzeug

Puppe, Legosteine, Auto, Bauklötze, Brettspiel, Kartenspiel, Stofftier, Buch/Bücher, Murmeln

Thema Familie

Vater/Papa, Mutter/Mama, Schwester, Bruder, Oma, Opa, Tante, Onkel, Cousin, Cousine Erwachsener/Erwachsene, Eltern, Kind, Baby

Thema Wohnen

- **Möbel:** Tisch, Stuhl/Stühle, Bett, Sofa/Couch, Schrank, Badewanne, Waschbecken, Toilette/Klo, Wasserhahn
- **Geräte/Utensilien:** Fernseher, Handtuch, Besen (Handfeger, Kehrblech), Mülleimer, Seife, Duschgel, Zahnpasta, Zahnbürste, Löffel, Gabel, Messer (Besteck), Teller, Tasse/Becher, Glas, Schneidebrett, Frühstücksdose, Schüssel, Topf, Pfanne, Sieb
- **Zimmer:** Wohnzimmer, Esszimmer, Badezimmer/Bad, Toilette/Klo/WC, Küche, Flur/Garderobe, Balkon/Terrasse, (Abstellkammer/Vorratskammer), Garage, Zaun, Tür, Fenster

Thema Natur

- **Wetterphänomene:** Sonne, Mond, Stern(e), Wind, Sturm, Wolke(n), Gewitter, Regenbogen, Schnee, Hagel
- **Haustiere:** Hund, Katze, Maus, Hamster, Vogel, Meerschweinchen
- **Wildtiere:** Eichhörnchen, Vogel, Maulwurf, Spinne, Ameise, Biene, Reh, Hirsch, Wildschwein, Fisch, Frosch, Ente
- **Nutztiere/Bauernhoftiere:** Kuh, Schwein, Gans, Schaf, Ziege, Pferd
- **Zootiere:** Elefant, Tiger, Nashorn, Löwe, Giraffe, Affe, Eisbär, Pinguin

Thema Gefühle

glücklich, fröhlich, traurig, sauer/böse/wütend/zornig, gelangweilt, müde, satt

Thema Fortbewegung

- Auto, Fahrrad, Roller, Straßenbahn, Bus, gehen, fahren, laufen, Ampel, Zebrastreifen, Verkehrsschild, Gehweg, Straße, Weg
- **Teile des Autos:** Tür, Scheibe, Lenkrad, Hupe, Reifen, Auspuff, Fahrersitz, Vordersitz, Rücksitz/Hinterbank, Kofferraum, Scheibenwischer, Rad
- **Teile des Fahrrads:** Rad, Reifen, Sattel, Gepäckträger, Lenker, Klingel, Fahrradkorb, Fahrradhelm, Tacho, Gangschaltung, Bremse (Rücktrittbremse)

Sonstige wichtige Begriffe

- **Farben:** rot, gelb, blau, grün, schwarz, weiß, grau, braun, lila/violett, pink/rosa
- **Gegensatzpaare:** groß – klein, dick – dünn, viel – wenig, alt – jung, gut – böse, vorn – hinten, links – rechts, oben – unten, neu – alt, gesund – krank, ganz – kaputt, freundlich – unfreundlich, müde – wach
- **Präpositionen und Lagebezeichnungen:** vorn, hinten, oben, unten, davor, dahinter, daneben, drauf, drin, unter, über, auf, hinter, links, rechts, neben, zwischen
- **Jahreszeiten und Tageszeiten:** Frühling, Sommer, Herbst, Winter, morgens/Morgen, mittags/Mittag, abends/Abend, nachts/Nacht, Montag, Dienstag, Mittwoch, Donnerstag, Freitag, Samstag/Sonnabend, Sonntag, Wochenende, Ferien/Urlaub, Uhr, Wecker
- **Verben zu verschiedenen Themen:** gehen, laufen, rennen, springen/hüpfen, spazieren gehen, singen, lachen, weinen, tanzen, Musik hören, Computerspiele spielen, spielen, telefonieren, fernsehen, schlafen, sitzen, stehen, klettern, lesen, rufen, flüstern, lieb haben, mögen, nicht mögen/doof finden, geben, teilen, verstehen, wiederholen, anziehen, aufstehen, wegräumen, hinlegen
- **Phrasen zur Kommunikation:** „ja", „nein", „bitte", „danke", „Entschuldigung", „Wie geht es dir?", „Hallo", „Guten Tag", „Tschüss", „Auf Wiedersehen"

Wolfgang Hering:
Leichter Deutsch lernen mit Musik, m. Audio-CD und Bildkarten:
Lieder, Spiele, Reime zur Sprachförderung in Kita und Schule
Don Bosco Verlag 2021

Nina Wilkening:
Kinder ohne Deutschkenntnisse in der Kita eingewöhnen:
Praxishilfen, Vorlagen, Checklisten
Verlag an der Ruhr 2017

Nina Wilkening:
80 schnelle Spiele für die DaZ- und Sprachförderung:
Für Plenum, Kleingruppen und Freiarbeit
Verlag an der Ruhr 2013